나는 나를 잘 만났을까요?

나는 나를 잘 만났을까요?

초판 1쇄 발행 2021년 12월 10일

지은이	지은정 · 나하나 · 이가희 · 신성희 · 사서임 · 김민지
발행처	키효북스
펴낸이	김한솔이
디자인	김효섭
주 소	인천시 부평구 부평대로 165번길 26, 1층 출판스튜디오 쓰는하루(21364)
이메일	two_hs@naver.com
블로그	https://blog.naver.com/two_hs
인스타그램	@writing_day_

ISBN 979-11-91477-17-7

나는 나를
잘 만났을까요? *

지은정
나하나
이가희
신성희
사서임
김민지

어딘가 어설프기도 하고
어딘가 이래도 되나 싶은 면면도 보이지만
이 또한 다 각자의 삶의 모습인 걸

지금까지 잘 살아온 나의 인생에 스스로 하이파이브!

키효북스

차 례

지은정

20대 사람입니다.
다이어리 맨 뒷장에 버킷리스트를 하나둘 적기 시작한 것이
어느새 한가득합니다. 그만큼 하고 싶은 게 참 많습니다.
책 쓰기도 그중 하나였는데 드디어 이룰 수 있게 되었네요.
엄청 기쁩니다.

20대, 참 좋을 때다

제 집에 갈래요

"집 떠나면 개고생이지. 나가면 하나부터 열까지 다 돈인데, 그냥 부모님 집에서 편하게 뜨신 밥 먹고 다니지 뭐하러 독립을 하나?"

내가 처음 독립을 했다고 주변 어른들에게 이야기했을 때 돌아오는 반응은 모두 한결같았다. 맞는 말이다. 진짜 집 나가니 개고생이더라. 독립을 한 후 사람 한 명이 숨을 쉬고 살아가기 위해 그렇게 많은 유지비용이 든다는 것을 처음 알았다. 지갑에 구멍이라도 뚫린 건 아닌지 의심스러울 지경이었다. 그리고 요리하는 건 어찌나 귀찮은지 재료를 씻고, 다듬고, 넣고, 기다리고, 차리고, 정리하고, 설거지까지. 갈수록 음식점의 음식값에 너그러운 마음을 갖게 되었다. 빨래, 청소는 더 말해 무엇하랴. 직접 해보니 내가 그동안 얼마나 손 하나 까딱하지 않고 편하게 살았는지 온몸으로 배우고 느낄 수 있었다. 그럼에도 누가 세상에 태어나서 가장 잘한 일이 무엇이냐 묻는다면 1초의 망설임도 없이 '독립'이라고 할 것이다.

나는 25년을 한 집에서 부모님과 함께 살았다. 초, 중, 고, 대학까지 차로 20분이면 해결되는 거리였기 때문에 집을 떠나야 할 이유는 없었다. 게다가 운 좋게도 근교에 직장을 얻게 되어 매일 4~50분 정도 되는 거리를 운전해서 출퇴근했다. 졸린 눈을 비비며 같은 자세로 운전을 하는 것은 쉬운 일이 아니었지만 이건 독립을 결심하게 된 결정적인 계기는 아니었다. 그럼 무엇 때문이냐?

'답답함.'

나는 호기심도 많고 질문도 많은 어린이였다. 하루에도 몇 번씩 부모님께 "이건 뭐예요? 이건 왜 그런 거예요? 저건 뭐가 다른 거예요?"라는 질문을 했다. 그런데 이 질문이 반항기 가득 섞인 "내가 왜 그래야 해요?"로 바뀐 것은 그로부터 몇 년 지나지 않아서였다. 아마 사춘기 때문일 것이라 조심스럽게 추측해본다. 사춘기가 되니 부모님의 훈계가 잔소리처럼 들렸고, 그 잔소리는 나를 납득시키기보다는 내가 틀렸고 잘못되었다는 지적처럼 느껴졌다. 어렸을 때는 부모님께 혼이 나면 억울해서 우는 것이 전부였는데, 머리가 크니 내가 억울한 일을 당하는 것을 그냥 두고 볼 수는 없었다. 그래서 최대한 기분 나쁜 표정과 말투로 부모님께 대들었다. 당연히 부모님의 대응도 더 강해졌다. 인제 와서 생각해보면 부모님의 양육 방식이 옳았던 것 같지는 않지만 현명한 대처를 하지 못했던 나에게도 잘못이 있었다. 우리는 서로의 생각과 마음에 귀를 기울여주지 못했다. 그렇게 강대 강의 대결은 언제나 살얼음판이었고, 작정하고 부모님과 몇 달간 대화하지 않은 적도 있었다.

그렇게 고등학교를 졸업하고 대학에 가서 새로운 탈출구를 찾게 되었다. '여행'이었다. 집이 답답하다고 느껴질 때면 나는 어디론가 훌쩍 떠났다. 그 순간이 늦은 저녁이더라도 차표를 예매하고, 숙소를 예약한 뒤 다음날 아침 일찍 집을 나서곤 했다. 돈이 없는 대학생이라 한계는 있었지만, 대학생이 되어 얻은 자유를 그렇게 만끽했다. 여행을 다니다 보니 집과 학교가 세상의 전부는 아니란 걸 알았고, 내가 낯선 환경에서 새로운 경험을 하는 것을 좋아한다는 사실을 처음 깨닫게 되었다.

하지만 취직을 하고 돈을 얻은 대신 자유를 잃은 후로 나는 깊은 우울감에 빠지게 되었다. 사회 초년생의 무게를 온몸으로 실감하며 집-직장-집-직장의 무한 반복. 집에 돌아와서는 기운이 없어 밥 먹고 잠들기 일쑤였고 주말이 되어도 어디 나가고 싶은 생각조차 들지 않았다. 설상가상으로 원인 모를 병으로 일 년을 고생하기도 했다. 아마 스트레스 때문이 아닐까? 이 기간에 부모님과 수많은 대화를 나눴다. 주된 주제는 진로 고민이었다.

"이래서 너무 힘들고, 그래서 이 직업은 나랑 안 맞

는 것 같고, 이렇게 살다가는 평생 후회할 것 같고, 그래서 이런 걸 해보고 싶어요. 요즘은 이런 것도 관심이 가요."

생각해보면 부모님에게 이런 이야기를 했던 이유가 내가 가진 고민을 해결하기 위한 답을 들으려는 목적은 아니었다. 그냥 "많이 힘들겠다."는 공감 한마디가 듣고 싶었다. 그리고 "그래, 너를 믿는다. 너는 뭐든지 다 할 수 있을 거야."라는 부모님의 믿음을 보고 싶었다. 그런데 돌아오는 부모님의 대답은 왜 그렇게나 한결같은지.

"그래? 그런데 어떤 직업이나 힘든 것은 다 똑같고, 그나마 네가 하는 일이 좋은 여건을 가진 줄 알고 버텨봐라."

마치 어떤 입력을 하든 항상 같은 대답을 하는 고장 난 로봇처럼 부모님과 하는 대화는 항상 같은 결론에 이르렀다. 이렇게 일관된 반응에 지쳐 부모님과 대화를 하는 게 싫었다. 그래서 퇴근을 하고 집에 오면 밥을 먹고 방으로 들어가 나오지 않았고 주말에도 집 근처에서 시간을 보내다 집으로 돌아왔다. 사람이 혼자일 때 외로운 것은 당연하지만 함께 있는 사람이 나를 외롭게 한다면 그 외로움의 깊이는 한없이 깊어진다는 것을 깨달았다. 마치 외딴 섬에 혼자 떨어져 있는 기분이었다.

'그래, 이럴 바에는 차라리 혼자 사는 게 낫겠다.'

용감한 무지렁이

　무식하면 용감하다고 했던가. 나는 부동산과는 일면식도 없는 사람이었다. 그러니 그토록 용감한 행동을 했겠지.

　밥상머리에서 부모님이 부동산, 개발, 아파트, 집값 이야기를 할 때면 하루 중에 가족이 한자리에 모이는 시간이 얼마 되지도 않는데 우리 이야기도 아니고 꼭 저런 이야기를 해야 하는지 의문이 들었다. '이런 자본주의 사회의 황금만능주의자들!' 그 이야기가 듣기 싫어 급하게 밥을 먹고는 문을 쾅 닫고 방 안으로 들어갔다. 그런데 그게 조금은 관심을 가질 필요가 있는 이야기였나 보다. 사람이 태어나 어딘가에 살기 위해서는 적어도 한 번쯤 부동산 시세를 검색해보고 공인중개사 사무실에 찾아가야 하기 때문이다. 이럴 줄 알았으면 나도 미리 부동산을 공부하고 궁금한 건 물어볼 걸 그랬다.

독립을 결심한 뒤 혼자 집을 알아보러 가기로 했고 초짜라는 티를 내다가는 사기라도 당하지 않을까 싶어 인터넷에 이것저것을 검색하며 공부를 했다. 집 알아볼 때 주의할 점, 부동산 계약할 때 주의할 점 등을 부족한 암기력을 끌어모아 머릿속에서 되뇌었다. 나름 경건한 의식을 치른 후 용기를 내어 혼자 부동산에 찾아갔다. 지금 생각해보면 이게 무슨 근거 없는 용기인가 싶겠지만 그때의 나는 그만큼 간절했었다. 하지만 내 자금 사정은 공인중개사 사무실에서 그다지 환영받지 못했다. 일을 시작한 지 1년밖에 되지 않은 사람의 지갑 사정이란 뻔했기 때문이다. 그렇게 여러 집을 둘러보고 뉴스에서 떠들어대던 주택난만 온몸으로 실감한 채 돌아왔다. 주변을 둘러보면 집이 이렇게나 많은데 내가 가진 돈으로 계약할 수 있는 집은 많지 않았다. 게다가 좀 괜찮은 집은 땡전 한 푼 쓰지 않고 10년을 모아도 살 수 없다니! 이런 집은 도대체 누구의 것이란 말인가! 당분간 집 살 생각은 꿈도 못 꾸겠다는 현실의 벽만 실감했다. 일하고 싶은 의욕이 또 한 번 꺾였다. 그렇게 몇 날 며칠 동안 집을 보러 돌아다녔는데 그날은 온종일 돌아다니다 지친 상태로 해까지 져가니 마음이 급해졌나 보다. 마지막으로 들른 부동산에서 내가 생각한 예산에 맞는 집 중에 적당히 하나를 골라 계약을 했다. 최대한 빨리 들어갈 수 있는 날짜를 물어본 뒤 덜컥 계약금까지 내버렸다. 그리고 집에 가서 부모님께 일방적으로 통보를 했다.

"저 독립하려고요. 오늘 계약하고 왔어요."

그 순간 부모님이 어떤 표정을 짓고 어떤 말씀을 하셨는지는 지금 기억나지 않는다. 하지만 내가 부모였어도 화를 냈을 것이다. 아빠는 그 집의 등기부 등본을 떼어보시더니 화를 내셨다. 알고 보니 그 집을 담보로 채무가 잡혀있고, 그럴 때 전세 보험을 들 수 없으며, 이런 경우에 전세금을 내고도 못 돌려받는 경우가 많다는 것이었다. 이런 집을 계약했냐며 한참이나 말을 들어야 했다. 부모님과는 계약을 취소하기로 이야기를 했고 그날 밤 나는 그동안 힘들게 번 돈을 계약금으로 몽땅 날릴 생각에 잠도 제대로 자지 못했다. 천만다행으로 집주인 께서는 계약금의 일부만 받고 나머지를 돌려주셨다. 이 렇게 내 기준으로는 꽤 큰 금액을 내고 인생 공부를 하 게 되었다. 그리고 '나이 들어서 더 큰 돈 잃는 것보다는 지금 이만큼 내고 좋은 교훈 얻었다.'고 생각하며 스스로 위안으로 삼았다.

그 이후로 한참을 부모님과 독립 문제로 다투었고, 마침내 승리를 쟁취하였다. 부모님께서 한발 물러서 주신 것이다. 부모님께서는 내가 이사하기 전날까지도 못내 서운한 표정을 감추지 못하셨지만, 나 또한 설렘 가득한 즐거운 표정을 감추지 못했다. 드디어 퇴근하고 돌아갈 내 집이 생겼다.

'2019년 7월 30일'
내 인생에서 절대로 잊을 수 없는 독립 기념일이다.

고속도로를 두고 국도로 달린다는 건

친구와 즉흥적으로 사주를 보러 갔다. 생년월일을 말하자 아저씨는 컴퓨터 자판을 몇 번 두드리고 책을 펼치시더니 이것저것 적어나가셨다. 아저씨는 염소 같은 수염을 쓰다듬으며 이렇게 말씀하셨다.

"욕심이 너무 많아, 한 가지만 해 한 가지만."

'들켰다!' 아저씨의 손때 묻은 책과 노트, 책장에 가득 놓인 것들이 장식품은 아니었나 보다. 아저씨의 말대로 나는 욕심이 많아서 내가 원하는 것을 해야 직성이 풀리는 사람이다. 매 순간 하고 싶은 것이 생각나고 그래서 이것저것 도전해본다. 세상 모든 사람에게는 그들만의 속도와 방향이 있다는 말이 참 멋지다고 생각한다. 그리고 그 방향이 맞는다면 너무 급하게 가지 않아도 된다는 말도.

그런데 '빨리빨리'가 핵심 가치인 대한민국 사회에 살다 보니 이런 생각이 여유나 삽질처럼 느껴지나 보다. 공부 열심히 해서 좋은 대학 가고 얼른 좋은 회사 취업해서 때 되면 결혼하고 애 낳고 이런 절차가 모범 정답처럼 사람들의 인식 속에 박혀있다 보니 이 정답에서 벗어나는 삶은 마치 일탈이고 잘못된 것처럼 그려진다. 나 또한 어느 순간부터는 현실과의 타협을 배워가면서도 '내가 왜 그래야 하는데'라는 생각이 문득문득 튀어나온다.

내가 다녔던 대학교는 졸업하면 취업은 잘 되지만 할 수 있는 일의 선택지가 정해져 있는 곳이었다. 여섯 군데나 지원한 대학 중에서 유일하게 붙었던 그 학교는 사실 내가 원했던 곳은 아니었다. 나는 어렸을 때부터 하고 싶은 일이 있었다. 어른이 되면 으레 그 직업을 가질 줄 알았다. 그래서 그에 맞는 학과를 가고 싶었다. 하지만 대학 입학부터 현실의 벽은 꽤 높았다. 입시란 이런 거구나. 포기하기에는 자존심이 상하고 나 스스로 더 열심히 할 기회를 주고 싶었다. 에라 모르겠다. 한 번 더 해보지 뭐.

그렇다 보니 나는 합격한 대학에 입학하기 전부터 다른 학교에 가고야 말겠다는 결심을 했다. 신입생의 활기와 즐거움은 누리지도 않고 수업이 끝나자마자 집에 가서 수능 공부를 했다. 솔직히 진짜 열심히 했다. 하지만 세상이 어찌 마음먹은 대로만 되랴. 결과는 대실패. 세상이 무너져 내리는 줄 알았다. 한참 동안 여행을 떠나 생각을 정리하고 나서야 그냥 주어진 상황에 수긍하기로 하고 학교에 다녔다.

대학교 3학년, 홀수 학년마다 고비가 오는 징크스가 있거나 4학년 취업 준비를 앞두고 그놈의 오기가 다시 샘솟았나 보다. 나는 다시 내 꿈을 위한 도전을 시작하게 된다. 그래 내가 원하는 곳에 취직하자! 돌아다니는 것에 익숙해진 내 다리를 책상에 다시 앉히기는 쉬운 일이 아니었다. 공부해야 할 책은 또 얼마나 많던지 이걸 한 사람이 소화할 수 있는 건가 의심이 들었다. 하지만 가장 힘들었던 것은 주변에 함께 하고 응원해주는 사람이 없었다는 것이다. 괜한 구설에 오르기 싫어서 친구들에게는 이야기하지 않았고, 그 상황을 지켜보는 가족들은 나를 뜯어말렸다. 왜? 내가 한번 해보겠다는데!

한 번은 너무 답답한 마음에 익명으로 인터넷 사이트에 고민을 올린 적이 있었다. 제발 나를 응원하고 공감해달라는 마음이었겠지. 그런데 돌아오는 대답은 다음과 같았다.

"왜 고속도로를 달리고 있으면서 국도로 가려고 하시나요? 현재 본인이 처한 상황을 받아들이고 그 상황에서 최선을 다하세요. 취직한 후에 일해보고 맞지 않으면 다른 직업을 가져도 늦지 않습니다."

이 답변을 보고 '세상에 정말 내 편은 없구나!'라는 생각도 했지만 '이쯤 되면 내가 진짜 삽질하고 있구나!'

라는 생각도 들었다. 그날 이후로 몇 날 며칠을 더 고민하다 공부하던 책을 창고로 옮겨두고는 다시 일상으로 돌아왔다.

솔직히 당시에 했던 도전에 후회가 없었다면 거짓이다. 차라리 아무 생각 없이 놀았으면 젊음을 충분히 만끽할 수 있었으려나? 그러나 한편으로는 내가 그 도전을 하지 않았다면 지금에 와서 후회했을 것이 분명하다. 그때 몸이 힘들었기 때문에 지금에 와서 마음은 편하다. 행복하기 위해, 꿈을 이루기 위해 뭔가를 노력했다는 것 자체로 충분하다.

분명 고속도로를 달리는 것은 목적지에 일찍 도착하기 위한 방법이다. 하지만 그곳에서 큰 사고를 만난다면 다른 길로 돌아갈 수도, 후진할 수도 없는 노릇 아닌가? 그리고 차를 잠시 멈춰서 멋진 풍경을 보는 것이나 길가에 있는 식당에 들러 맛있는 음식을 먹는 것은 국도에서만 누릴 수 있는 특권이다.

이 글을 쓰고 있는 순간에도 하고 싶은 일들이 자꾸 떠오른다. 여기서 가장 가까운 고속도로 출구가 어디지? 나는 또 새로운 도전을 고민하고 준비하고 있다.

　　가슴이 설렌다.

작고 소중한 것을 위하여

세상에는 작지만 너무나도 소중한 것들이 있다. 누군가에게는 티끌만 한 존재감으로 느껴지는 것도 누군가에게는 우주만큼 크게 느껴진다.

나에게는 '월급'이 바로 그런 존재다.

내 월급은 무지 작고 귀엽다. 아마 누군가는 이 돈을 몇 분 안에 쓸 수도 있겠지만 나에게는 한 달 동안 삶을 유지해주는 소중한 녀석이다. 이 녀석 때문에 아침에도 졸린 눈을 비비며 '아, 퇴근하고 싶다.'는 마음을 꾹 누른 채 직장으로 향한다. 하루의 3분의 1, 깨어있는 시간의 반이나 되는 자유를 반납하는 것도 이 녀석 때문이다. 때로는 이 녀석 때문에 퇴근 시간이 지나고 저녁밥도 놓친 채 컴퓨터 앞에 앉아있고, 주말에 종일 누워있고 싶은 몸을 억지로 일으켜 책상에 앉히기도 한다.

어릴 때 배웠던 일과 직업의 중요성은 분명 '자아실현', '사회 발전에 기여'처럼 멋진 말들이었는데 시간이 지나고 일을 하다 보니 그 녀석들은 사라지고 왜 '입에 풀칠하기'밖에 남아있지 않은 거지? 이 녀석이 제일 별로였는데 최고로 끈질긴 게 분명하다. 어릴 때 어른들이 했던 '먹고살려면 어쩔 수 없다.'는 말의 무게가 이렇게나 무거운 거였다니. 분명 사람이 먹고사는 건 쉬운 일은 아닌가 보다.

내가 아주 존경하는 선배는 "네가 하는 일에 자부심을 가져."라고 항상 이야기하신다. 그런데 그분도 다른 곳으로 이직할 준비를 하고 있다는 건 안 비밀이다. 이게 바로 일 잘하고 열심히 하는 사람의 최후인가? 주변에서 전설처럼 전해 내려오는 월급 루팡은 살아남고 성실하고 묵묵히 일하는 사람은 떠나는 것이 이곳의 순리

인가? 이렇게 가다가는 나도 결국 실컷 쓰이다 지쳐 이직하거나, 전설이 되거나 둘 중 하나겠지?

작고 소중한 아이야, 오로지 너만을 위해 내가 일을 하는 게 맞는 걸까?

지금은 일요일 저녁 8시 21분.

젠장, 출근하기 싫다.

그렇게 한마디면 돼요

《유 퀴즈 온 더 블럭》에서 유재석과 조세호가 우연히 만난 두 어린이에게 질문을 하나 했는데 그 답이 명쾌해서 아직도 기억에 남는다.

"잔소리와 조언의 차이는 무엇일까요?"

"잔소리는 왠지 모르게 기분 나쁜데, 충고는 더 기분 나빠요."

이토록 인생의 통찰력이 담긴 답이 있을까? 그 답을 듣고는 한참을 웃으며 "맞아!"했던 기억이 있다. 사람에게는 조언과 충고를 참지 못하는 본능이 있나 보다. 나 또한 어려운 상황에 부닥친 친구들을 보면 오지랖이 발동한다.

"있잖아, 내 생각은 말이야⋯."

그런데 막상 그 말을 들을 때는 왜 기분이 좋지 않지? 할 때는 좋았는데 당할 때는 별로더라.

첫 직장을 갖고 나는 좋은 사람들을 참 많이 만났다. 옆에서 보고 배울 수 있는 상사도 있었고 나를 도와주시는 분도 있었다. 특히 내가 첫해에 함께 일한 두 분이 아직도 기억에 남는다.

첫 번째 상사는 나와 나이가 같은 자식이 있는 분이셨다. 본인 자식도 저렇게 일을 하고 있다는 생각에 안타까우셨는지 내가 모르는 것을 많이 알려주셨다. 그리고 충고와 조언도 아끼지 않으셨다. '내가 신입 때는 말이야, 자네는 말이야'로 시작되는 그 말을 당시에는 내가 잘되길 바라는 마음에서 하신 것으로 생각하며 긍정적으로 받아들였다. 그런데 정말 죄송하지만, 지금은 그때 무슨 말씀을 하셨는지 거의 기억나지 않는다. 내가 기억력이 좋지 않아서 긴말이나 인상 깊지 않은 말은 잘 담아두지 못한다. 다시 한번 죄송합니다.

　두 번째 상사는 과묵한 분이셨다. 아는 것은 많은데 말은 잘 하지 않으시면서 필요할 때는 나서서 꼭 한마디 하는 그런 분이셨다. 그분을 보고 나도 직장에서 저런 사람이 되면 좋겠다고 생각했다. 하지만 그런 사람은 백 년에 한 번 나올까 말까 한 유니콘 같은 존재라는 것을 깨달은 것은 그로부터 얼마 지나지 않아서였다.

　그날은 일을 마치고 너무 지쳐서 터벅터벅 걸으며 퇴근하는 중이었다. 어깨까지 축 처진 채 계속 한숨을 쉬고 있으니 누가 봐도 세상 근심을 다 짊어진 사람처럼 보였을 것이다. 그때 누군가 갑자기 내 이름을 불렀다. 뒤를 돌아보니 그 상사분이셨다. "이제 가세요?"라고 물었더니 툭 한마디를 건네셨다.

　"많이 힘들지? 내가 너였다면 버티지도 못했을 거야."

원래 그런 말씀을 하는 분이 아닌데 그래서 더 기억에 남는다. 그분의 말이 내가 많이 힘든 걸 공감해주고 그래도 잘하고 있다고 응원해주는 것처럼 느껴졌다. 정말 감사해서 아직도 잊지 못한다. 충고나 조언을 하는 사람의 호의를 무시하는 건 아니지만 때로는 백 마디의 좋은 말보다 한마디의 공감이 사람의 마음을 건드리는 법이다.

어느 날 서점에 가서 제목에 끌려 펴보지도 않고 산 책이 한 권 있다. 그건 바로 공지영 작가의 《네가 어떤 삶을 살든 나는 너를 응원할 것이다》이다. 많이도 필요 없다. 그냥 그렇게 한마디면 된다.

20대를 만나시거든

　예전에는 시간이 빨리 간다는 게 무슨 말인지 잘 몰랐다. 어른들이 "벌써 일 년이 다 지났네, 무슨 시간이 이렇게 빠르다냐!" 할 때면 나는 언제쯤 어른이 될지 가지 않는 시간을 보며 남은 날을 손에 꼽아보곤 했다. 그런데 요즘은 어른들의 그 말이 공감된다. 눈을 감았다 떠보니 벌써 하루가 지나고, 한 달이 지나고, 일 년이 거의 다 끝나간다. 이렇게 대학을 졸업하고, 취업을 하다 보니 벌써 몇 년 후면 30살이 된다. 빛보다 빠른 게 세월이라는 말을 온몸으로 실감하는 중이다.

　어떤 사람들은 20대를 뭐든 할 수 있는 나이라고 이야기한다. 내가 그 나이 때는 돌도 씹어 먹었고 날아

다녔다고 하는 어른들이 많은 걸 보니 20대라는 나이 자체가 어마어마한 힘을 가진 듯하다. 어렸을 때는 20대가 되면 뭐든 내 마음대로 할 수 있을 것 같았고, 내가 원하는 대로 삶을 꾸려나갈 힘을 가지게 될 것 같았다.

그런데 막상 20대가 돼보니 생각했던 것만큼 좋기만 한 것은 아니었다. 누구나 다 자기가 하는 일과 겪고 있는 상황이 가장 힘들다고 생각하듯이 내가 그 나이이기 때문이기도 하겠지마는, 20대에 맞게 되는 수많은 변화, 그리고 그 변화 속에서 홀로 선택해야 할 수많은 결정이 매 순간 덮쳐오기 때문이다. 어떻게 해야 잘 살 수 있을지 끊임없이 고민하고 불안을 해소하기 위해 항상 무언가를 하지만, 이렇게 하면 좋은 결말을 맞이할지도 의문이다. 20대는 참 많은 가능성을 가졌지만 그래서 더 막연하다.

이런 생각과 걱정이 끊이지 않다 보니 내 고민을 누군가에게 털어놓고 싶다. 그런데 주변에 이런 이야기를 할 수 있는 사람이 많지 않다. 아직 취업을 못 한 친구에게 말하기는 배가 불렀다는 소리를 들을 것 같고, 다른 직업을 가진 친구들은 내 처지를 공감하기 어려울 것 같고, 비슷한 직업을 가진 친구들에게 털어놓자니 그 친구들도 나 못지않게 힘들어 보여 오히려 이야기를 들어줘야 할 판이다. 피는 물보다 진하다고 했던가. 그러다 보니 자연히 부모님을 보면 고민을 가장한 넋두리를 늘어놓는다.

이 넋두리는 무언가를 해결하려는 질문이 아니다. 그냥 내 마음을 알아달라는 SOS다. 현명한 답변보다는 공감이 필요하다는 말이다.

그러니
제가 투덜거리거든
그냥 들어주세요.

자질구레해 보이지만 그런 것도 크게 느껴져요.

'20대 참 좋을 때다.'로 끝내지 마시고
'힘든 게 많지?' 꼭 덧붙여주세요.

'남들도 다 마찬가지야'보다는
'너니까 그럴 수 있지'라고 믿어주세요.

그냥 그게 전부에요.

나하나

―――――

일과 육아를 모두 잘 하고 싶은 의욕충만한 엄마이지만, 마음처럼
잘 안 돼서 좌절과 다짐을 밥 먹듯이 하는 평범한 워킹맘입니다.
심리적 불안감이 나를 지배하지 못하도록 글로 마음을 치유합니다.
완벽하기보다는 완주하는 사람이 되고자
오늘도 열심히 하루를 채워 나갑니다.
@woowahana

퇴근하자마자
출근했습니다

엄마의 시계

고요함이 깃든 밤, 둘째의 두툼한 발은 내 오른쪽 볼 바로 옆에 툭 하니 놓여있고 첫째의 부스스한 머리는 코끝을 간질거린다. 두 녀석 다 잠에 빠져든 것을 확인한 후 조용히 방문을 닫고 나와 테이블에 자리를 잡고 앉았다. 일과를 마무리하고 휴식을 취하거나 잠이 드는 밤 11시가 돼서야 본격적인 나의 하루가 시작된다.

지난 일과 중 마음을 혹여나 힘들게 한 일을 글로 적어내며 하루를 돌아본다. 그 과정에서 놓친 것과 아쉬웠던 포인트를 찾아내며 조금 더 나은 인간이 되어보자 다짐한다. 테이블 위에 놓인 책 중 마음에 드는 것을 골라잡아 몇 페이지를 넘기다가, 이 시간이 괜히 아쉽다는 마음에 거실로 나선다. 냉장고에서 차디찬 맥주를 꺼내어 유리컵에 가득 부어내고 소파에 앉아 꿀꺽꿀꺽 시원하게 들이킨다. 엄마의 시계가 멈추고 나의 시계가 켜졌다. '캬-' 그 어떤 행복과는 바꿀 수 없는 지금 이 순간의 기쁨을 만끽하며 넷플릭스를 튼다.

오늘 나의 하루는 어땠을까.

아침 7시 20분, 자는 아이들을 흔들어보지만 일어날 생각이 없다. 첫 번째 시도 실패로, 나의 출근 준비부터 시작하기로 한다. 세수하고 얼굴의 잡티만 손보는 정도로 파운데이션을 바른 뒤 단정하게 머리를 묶는다. 언제든 아이를 안아도 문제 되지 않는 소재의 옷에, 화려하지는 않지만 깔끔하게 그러나 또 밋밋한 위아래 옷을 맞춰 입고 스카프 하나를 두르면 출근 준비는 끝이다. 손수건에 미지근한 물을 적셔 물기를 꾹 짠 후 둘째의 얼굴과 손을 쓱쓱 닦고 로션을 발랐다. 첫째는 엄마의 부산스러운 움직임에 잠을 깨고 알아서 화장실에 들어가 고양이 세수를 하고 나온다. 쿨쿨 자는 둘째의 내복을 원샷원킬로 벗기고 등원할 옷으로 갈아입힌다. 아침마다 자고 일어나면 옷이 바뀌어 있는 마법을 경험하는 둘째다. 첫째 딸아이의 옷을 입히고 머리를 하나로 질끈 묶어주면 기본 준비는 끝이 난다.

아침을 먹이고 갈 여유가 없어 어린이집에 가서 오전 간식으로 아침을 대신하게 하던 나는, 어느 날 다른 엄마들과의 대화 속에서 아침도 안 먹이는 불성실한 사람이 된 것 같은 죄책감을 느꼈다. 금방 오전 간식 시간이 찾아오는데 집에서는 안 먹어도 된다 생각했다가, 공복 시간을 계산해본 후부터는 아침마다 미지근한 물과 함께 사과를 깎아 먹인다. 늦잠을 자서 아주 타이트한 시간이 아니면 이 루틴은 꼭 지키고 있다. 아침 사과는 금사과라는 말도 있듯, '밥보다는 사과가 더 좋지 않겠어?'라는 핑계를 대며 비닐 팩에 사과를 담아 서둘러 아이들을 차에 태우고 어린이집으로 출발한다.

열심히 일하다 보니 어느덧 아이들을 데리러 갈 시간이다. 저녁 6시가 되자마자 노트북을 덮고 어린이집으로 향했다. 늦어지는 엄마 아빠를 기다리는 아이들 대

여섯 명이 남아있다. 허겁지겁 달려온 엄마의 마음을 알리가 없는 아이들은 "왜 이렇게 늦게 온 거야~" 귀여운 잔소리를 해댄다. 행여나 어린이집 앞에 차가 많이 들어서 골목 전쟁을 일으키기라도 할까 봐 서둘러 아이 둘을 태우고 집으로 출발한다. 어린이집 잔디마당에서 한가롭게 놀아줄 여유 따위는 없다.

엄마가 저녁 식사를 준비하는 동안 아이들은 TV를 본다. "엄마가 요리하는 시간이 아~주 길었으면 좋겠어."라며 간절한 TV 시청의 욕망을 귀여운 소원으로 내뱉는 모습이 참 웃긴다. 마음으로는 사랑스러웠지만 그게 뭐라고 진지한 표정으로 "밥 먹을 때는 꺼야 해."를 한 번 더 강조하며 요리대회에 나온 참가자인 마냥 서둘러 10분 내 저녁을 준비한다. 알아서 밥을 잘 떠먹고 식사를 빨리 끝내면 참 좋으련만, '돌아다니지 마라', '골고루 먹어라' 추가 주문이 자꾸 들어간다. 인내심 싸움의 식사 시간이 끝나면 남편과 나의 역할 분담이 시작된다. 씻기 담당 남편은 일사불란하게 아이들 목욕을 시키고, 나는 뒷정리를 담당한다. 한 것도 없는데 벌써 시계는 9

시를 가리키고 아이들과 책을 몇 권 읽고 나면 밤 10시, 잠이 들 시간이다.

너무도 평범한 하루라고 생각되다가도, 출근 시간에 늦지 않기 위해 그리고 하원 시간이 너무 늦지 않도록 애쓴 마음들은 평범하지 않다. 출근 시간을 맞추려다 보면 아이들을 다그치게 되고, 하원 시간에 늦지 않도록 하려다 보면 때때로 함께하는 동료에게 양해를 구하고 먼저 업무 상황을 종료해야 하는 경우가 많다. 이쪽을 택하든, 저쪽을 택하든 언제나 워킹맘은 마음에 빚을 지고 산다. 이렇게 엄마의 시계에는 단순히 그 순간의 시간만 존재하는 것이 아니다. 같은 시각 너머에 존재하는 또 다른 대상과의 시간이 늘 공존한다.

워킹맘의 시간에는 언제나 여러 관계가 엮여 있고 남모르게 미안한 마음을 안고 살아간다. 그러지 않아도 되는데, 그저 주어진 하루를 열심히 최선을 다해냈을 뿐인데 뭐가 그렇게 미안한 걸까. '나 오늘도 참 많이 애썼네.' 보다 '~하지 못해서 미안해'라는 말이 먼저 나온다.

엄마라는 이름 앞에 누가 부여한 것인지 모르겠는 '당연히 엄마의 일'인 것들이 많고, 엄마이기 이전에 직업인 직장인으로서의 삶도 충실해야 하기에 좀 더 사회적인 관계의 일에 시간을 더 쏟다 보면 죄책감이라는 감정이 솟아오른다. 본업은 잘하지 못하고 부업을 더 신경 쓰고 잘하는 느낌이 든다. 워킹맘에게 본업과 부업이 뭔지 모르겠지만 그냥 느낌이 그렇다.

이런저런 생각을 하다 보니 맥주잔은 비어있고, TV는 웃긴 건지 슬픈 건지 도통 내용을 모르겠다. 오늘도 시선은 TV에 마음과 생각은 안드로메다를 다녀왔다. 이제 쉬는 시간에도, 다른 시간을 쓰고 있다. 내일은 정말 아무 생각 없이 온전히 쉬어보자, 제발.

퇴근하자마자 출근했습니다

밤 10시. 뻣뻣하게 굳은 목을 좌우로 힘겹게 돌리며 시동을 걸었다. 뜨거운 열탕에 온몸을 푹 담그고 보글보글 물소리를 들으며 스팀에 취하고 싶다. 내가 생각하는 최고의 휴식을 상상하며 집으로 향했다. 좌회전 신호에 맞춰 핸들을 돌리며 마주친 우리 집 15층. 아직 거실과 작은방 불이 환하다. "하… 망했다." 아주 천-천-히 지하 주차장으로 내려갔다. 늦은 시간 탓에 주차 공간이 마땅치 않았고 결국 지하 4층 한 쪽에 겨우 주차를 하고, 나는 내리지 않았다. 경서의 '밤하늘의 별을' 볼륨을 높이고 흥얼거렸다. 바로 집에 들어가고 싶지 않았다. 아주 잠시라도 이곳에서 혼자 있고 싶었다. 두 아이와 사투를 벌이고 있을 남편을 생각하면 정말 미안했지만, 일단 나부터 살고 봐야지.

　　차 안에서 잠시 멍때리기를 한 후 집으로 향했다. 이쯤 되면 아이들이 자고 있지는 않을까 하는 일말의 기대를 하며, 최대한 조용히 현관문을 열었다. 또 망했다. "엄마아~~~" 하며 다다다 달려오는 남매의 소리에 왠지 모를 이 쓸쓸함은 무엇일까. 거실은 지뢰밭이 되어 있었고, 싱크대에는 '나 오늘 힘들었다.'는 티를 팍팍 낸 물에 담그지 않은 빈 그릇들로 가득 차 있었다. 남편은 의자에 벌러덩 다리를 벌리고 누워 "엄마다아!!!!!!!!" 를 큰소리로 외쳤다. '그래그래… 당신 힘들었지. 고생 많았어. 이제 내 차례지?' 한 명이 퇴근하기 전에 아이들을 케어하고 있다가, 다른 한 명이 퇴근해서 돌아오면 일종의 바톤터치가 시작된다. 암묵적인 우리의 룰이다. 선수교체가 되었고, 밤 11시 늦은 출근이 시작되었다.

　　남매에게 새 아침이 시작된듯 에너지의 불씨가 꺼질 줄 몰랐고 저녁을 굶은 마냥 배고프다고 간식을 달라 소리쳤다. 에라이 모르겠다. 이렇게 된 거 그냥 늦게까지 놀다 자라는 심정으로 늦은 업무와 육아로 지친 나와 나의 동지를 위해 치킨을 시키고 늦은 파티를 시작했다. 그냥 치맥이 먹고 싶었는지도 모르겠다.

워킹맘의 퇴근은 곧 출근이다. 보통의 사람들에게 퇴근은 업무를 종료하고 개인의 일상이 시작되는 신호다. 운동하며 건강을 챙기거나, 취미생활을 하며 스트레스를 푸는 셀프 케어의 시간이 시작된다. 하지만 나 같은 워킹맘에게 퇴근은 또 다른 일터인 집으로 출근함을 의미한다. 물론 이 생활이 영원히 반복되지는 않을 것이다. 아이가 알아서 밥도 차려 먹고, 씻고, 놀고 공부하고 자는 그날이 오면 나에게 진짜 퇴근도 오겠지. 그런데, 그게 그니까 언제냐고요!!!

맞벌이 부부가 육아하기가 쉽지 않은 요즘, 친정과 시댁 중 가까운 곳에 살며 부모님의 도움을 받으며 아이를 키우는 집들이 많다. 아이를 돌봐주는 사람을 쓰면, 힘들게 번 돈을 그대로 시터비용으로 나가다 보니 아무래도 남의 손에 아이를 맡기느니 부모님에게 부탁드리자 하여 도움을 받는 집이 많다. 하지만 우리 부부는 양가 부모님이나 다른 가족들의 도움을 받기에는 345km나 떨어져 있어서 쉽지 않다. 주간 회의를 하듯 남편과 나는 주말마다 각자의 다음 주 업무 스케줄을 공유하며, "이날은 내가 할게. 저 날은 누가할래." 서로 아이를 픽업할 담당을 정했다. 둘 다 지원이 불가능한 상황이 오게 되면, 급히 휴가를 쓸 수 있는 사람이 지원하기로 하고 탄력적으로 움직였다. 맞벌이 부부가 육아를 잘하기 위해서는 협업과 커뮤니케이션 역량은 필수 조건이었다.

귀엽고 사랑스러운 두 아이를 만나는 퇴근길에 두근두근 행복한 감정만 있다고 생각한다면 그것은 큰 오산이다. 퇴근 후 우리 앞에 펼쳐질 육아업무는 조금 다른 이야기이기 때문이다. 목표한 대로만 따라주면 얼마나 좋을까. 육아는 설정된 목표대로 움직이지 않는 수십 개의 변수가 가득한 그 어떤 업무보다 난이도가 높은 일이다. 그럼에도 불구하고 이 출근이 싫지만은 않은 이유는 울고 싶을 만큼 힘들다가도 엄마아빠 앞에서 우스꽝

스러운 춤을 보여주거나 혀짧은 소리로 내뱉는 귀여움 가득한 말이 채워주는 행복이 있기 때문이다. 내 품에 꼭 안고 보들보들 말랑말랑한 볼을 비비며 뽀뽀를 받다 보면, 온몸 구석구석 달달해지는 사랑을 경험하게 된다.

모순투성이라는 것도 잘 안다. 언제나 "~해서 너무 힘들지. 하지만….''으로 결국에는 행복하다로 마무리된다. 옛날에 어른들이 말하는 '먹는 것만 봐도 배부르다.'는 말이 정말 이해가 되지 않았었는데, 아이를 키워보니 그 말이 무슨 말인지 알겠다. 힘들어 죽겠는데, 또 행복하다. 이 세상 워킹맘 워킹대디들의 퇴근길이 덜 힘들었으면 좋겠다. 하… 다시 출근하러 가야지.

이래서 일하러 가겠냐고

나는 무사히 복직을 할 수 있을까.

2017년 7월 복직을 앞두고, 어린이집 하원을 도와 줄 이모님을 구하는 일이 쉽지 않았다. 아이 돌봄 플랫폼에 어린이집 하원 후 2시간 정도 아이를 돌봐 줄 이모님을 구한다는 공고를 내고 기다리기 일주일. 복직 2주 전 드디어 연락이 왔다. 어린이집 돌봄 선생님도 한 경력이 있으시며 아이를 좋아한다고 적극적으로 어필하셨다. 첫인상도 좋았고 전반적인 분위기가 마음에 들었다. 어떻게 2시간을 보내주시면 될지 소개를 드리고 다음 주 월요일부터 적응 기간을 함께 갖기로 하고 헤어졌다. 나의 또 다른 자리인 회사로 돌아가기 일주일 전 주말, 복직이 불투명해지는 소식이 찾아왔다.

　갑자기 시어머니가 아프셔서 아이 돌봄 일을 못 하게 되었다고 하셨다. 어쩔 수 없는 상황에 이해한다고 말하며, 얼른 건강을 회복하시길 바란다고 문자를 보내고 그렇게 첫 돌봄 이모님과의 인연이 끝났다. 일주일 뒤면 회사를 나가봐야 하는데, 마른하늘에 날벼락이었다. 급하게 다시 공고를 올리고 간절히 연락을 기다렸다. 절박함이 전해졌는지 이내 연락이 왔다. 굉장히 젊은 분이었고, 이 동네에서 아이 돌봄을 많이 하셨다고 이야기를 시작하시면서 갑자기 목적지를 벗어나 샛길로 새며 자식 자랑과 남편 자랑을 늘어놓으셨다. 속으로 '아… 이분은 좀 아닌 것 같은데…'와 동시에 복직을 5일 앞두고 내 주제에 무슨 선택권이 있겠냐는 마음이 번갈아들었다. 휴가를 더 붙여서 복직을 연기하는 한이 있어도, 아이를 업고 회사에 출근하더라도 거절하는 게 좋지 않을까를 수없이 고민했다. 하지만 내가 선택할 수 있는 선택지가 많이 없었다. 이마저의 기회도 놓칠까 봐 조급했다. 그 순간 나는 을, 아니 병정이 되어 있었다.

그날 저녁 문자가 왔고 다행인지 다시 불행의 시작인지, "당신은 나와 함께 갈 수 없습니다." 거절의 메시지였다. 나는 [아이돌봄 이모님 구하기] 배틀에서 완전히 패했다. 보수가 괜찮은 쪽에서 연락이 와서 짧게 2시간 하는 것보다 본인으로서는 좀 더 길게 하는 것이 좋을 것 같아서 미안하다 했다. 그분의 말이 100% 아니 1000% 맞다. 나의 모집 공고는 기획부터 잘 못 되었다. 조금이라도 내가 더 아이를 챙기기 위해 그리고 한 푼이라도 더 아껴보려고 2시간만 봐줄 사람을 구했다. 분명 이렇게 짧게만 일할 수밖에 없는 수요자가 있을 것이라고 기대했는데, 좋은 분을 만나기 어려운 전략이었다. 입장 바꿔 생각해보면 괜찮은 제안이 아닌 것은 분명하다. 오가는 시간까지 고려해보면, 2시간 일하고 받는 보수는 아쉬울 수밖에. 그래도 월급의 상당한 부분을 아이 돌봄에 쓰기에는 경제적 여유가 많지 않았다.

출근 5일 전

그날 저녁 7시, 남편과 함께 대책 회의를 소집했다. 돌봄 이모님 구하기 미션을 수행하기 위해 진지한 논의가 시작되었다. 일터와 거리가 가까우면 시간의 경제성이 확보되니, 전략적으로 우리 오피스텔의 입주민 중 연세가 조금 있으신 분들을 노려보기로 했다. 당시 엘리베이터 게시판에 1:1 영어 튜터링부터 피아노 과외 등 다양한 개인 광고들이 많이 부착되었던 걸 보고 그것을 활용해보기로 했다. 이모님이 구해지기 전까지는 남편과 내가 번갈아 휴가를 쓰며 시간을 벌어보기로 했지만, 이 제안은 바로 탈락했다. 아이디어가 나오고 바로 관리실에 전화해서 문의해보니 지금 대기 중인 광고가 6개나 있어서 우리의 차례가 오려면 3개월은 기다려야 한다는 것이었다. 이런 젠장. 펴보지도 못한 꿈은 그렇게 호기롭게 아이디어만 내고 휴지통에 집어넣었다.

"내가 왜 이 생각을 못 했지?"

그 순간 어린이집에서 오가며 마주친 할머니 한 분이 떠올랐다. 아침저녁으로 손녀를 데려다 주느라 정말 고생 많으시다 생각했던 윤아 할머니라 불렀던 이모님이다. 사실 윤아의 진짜 할머니인 줄 알았었는데, 함께 신호를 기다리며 몇 마디 주고받다가 오랫동안 윤아를 돌봐주시고 있는 시터 이모님이란 사실을 알고 놀랐었다. 윤아 엄마는 어디서 저렇게 좋은 분을 구하셨을까 하며, 남편에게도 종종 친손녀처럼 잘 돌봐주시더라고 이야기했었다. 다음 날 아침 어린이집에 아이를 데려다주며 원장선생님께 부탁하여 이모님의 연락처를 구할 수 있었다. 지금 내가 처한 사정을 말하며, 혹시 주변에 좋은 분 계시면 추천을 부탁드렸다. 교회 권사님들 중에 연락해보겠노라 하시며 전화를 끊었고 이내 "가빈이 엄마~ 이쪽 경험은 없지만, 참 좋은 사람이 있어. 한번 연락해봐." 좋은 소식을 전해주셨다. 아직 만나지 않았지만, 이미 마음에 들었다. 인재 채용에서도 가장 으뜸은 사내 추천이지 않던가. 고민 없이 바로 연락을 드렸다.

출근 4일 전

면접이고 뭐고 나에게 그럴 시간이 이제는 없었다. 이모님과 지하철 출입구에서 만나 같이 딸을 데리러 갔다. 우리 아이는 어떤 성향이고, 집에서 어린이집까지는 시간이 어느 정도 걸리는지, 뭘 좋아하는지 이야기를 나누다 보니 어린이집 앞에 도착했다. 단정하셨고, 평생을 검소하고 깔끔하게 살고 계신 분이라는 느낌이 들었다. 어린이집 문이 열리고, 있는 힘껏 달려와 내 품에 쏙 안기는 딸을 흐뭇하게 바라보셨다. 당장 다음 주 월요일부터 출근이라, 내일 하루 적응기간을 보내보기로 했다.

출근 3일 전

딸은 할머니가 싫지 않은 눈치였고, 워낙 낯을 안 가리는 성향 덕분에 엄마에게는 관심을 두지 않으며 잘 노는 딸이 고마웠다. 비록 하루의 적응기이지만, 분리 시도도 해봐야겠다 싶어 잠시 집을 나와 공원 벤치에 앉아 있었다. 목구멍이 뜨거워졌고 눈물이 났다. 입술을 꽉 다물고 눈물을 삼키며 별의별 장면들이 스쳐 지나갔다. 엄마 말고 다른 낯선 할머니를 보고 어리둥절했던 그 표정도 괜스레 마음에 걸리고, 내가 아닌 다른 사람과 집으로 향하는 모습과 엄마가 곁에 없이 시간을 보낸다는 것이 어린이집에 보냈던 처음 그날보다 더 마음이 먹먹했다. 이렇게까지 하며 일하러 가는 게 맞냐는 생각부터, 혹시나 아이가 잘 못 되는 일은 없겠지 하는 염려부터 안 좋은 생각은 다 났다. 마지막 울음을 삼키며 진정했다. 그래, 내가 집에 들어갔을 때 우리 가빈이 표정을 보면 알 수 있을 거야. 이모님이 좋은 분인지 아닌지.

입큰가빈이라는 별명답게, 함박웃음을 지으며 나를 반겨주었고 어느 때보다 신나고 밝은 표정이라 안심되었다. 인연의 숙명을 믿는 내게 이모님과의 만남은 더 특별하게 느껴졌고 너무 감사했다. 우리에게 와주셔서 그리고 딸을 예뻐해 주셔서. 엄마가 그랬다. 네가 주변 사람들에게 정을 주고 베푼 만큼, 좋은 인연이 너에게 닿는다고. 잊을만하면 그 말이 자꾸 생각나서, 또 이모님을 보면 정말 그런 것 같아서 남편과 종종 '우리는 다른 사람 아프게 하지 말자.'는 이야기를 나누곤 한다.

이모님은 손녀처럼 귀하게 대해주셨고, 가빈이는 가끔 밤에 '어린이집 할머니'를 찾으며 울기도 했다. 어쩌면 나보다 더 따뜻하고 포근하게 가빈이를 안아주셨을 것이다. 그날부터 2년 동안 직장어린이집에 보내기 전까지 이모님이 가빈이를 사랑 가득하게 돌봐주셨다.

복직 일주일 전만 해도 앞이 막막했는데, 워킹맘 초보 앞에 펼쳐진 장애물 1단계를 힘겹게 넘겼다.

이 대 서사를 이리도 길게 풀어낸 이유는 단순히 돌봄 이모님을 구하는 일이 어렵다는 것을 말하기 위해서가 아니다. 육아휴직을 끝내고 복직을 앞둔 워킹맘에게는 출발선 바로 코앞에 큰 허들이 하나 있다. 돌봄 이모님 구하기부터 서울대만큼 보내기 어렵다는 구립/시립/직장인 어린이집 대기 순번에 마음 졸이는 일까지, 그 많은 장애물을 넘어서야만 본격적인 워킹맘 라이프가 시작된다. '출발!' 소리와 함께 걸음을 떼기도 전부터 이렇게 어려운 미션이 있으면 어쩐단 말인가. 시작하기도 전에 좌절과 후회의 소용돌이를 겪고 일터로 향한다.

만약 그대의 직장에 이제 막 복직한 누군가가 있는가. 유독 지쳐 보이지는 않는가. 그렇다면 한 번씩 토닥여주길 바란다. 이미 시작하기도 전에 몸과 마음의 에너지를 많이 쓰고 왔을 테니까. 그리고 곧 복직을 앞두고 있는 당신이라면, 괜찮다 말해주고 싶다. 생각보다 우리 아이들은 잘 적응하고 또 자신만의 방식으로 이 세상과 사람들 속에 묻어나며 예쁘게 잘 큰다고.

진짜예요, 애들은 괜찮아요. 내가 안 괜찮지….

주말 잘 쉬셨어요?

"하나님~ 주말 잘 쉬고 오셨어요?"

따뜻하게 건넨 다정한 인사말에 "주말이 어떻게 쉬는 날이 될 수 있냐고요!!!" 버럭 소리를 지르고 싶었다. 좋은아침이에요와 같은 평범한 인사말에 나는 왜 그리도 화가 났던 것일까. 생리 기간도 아니요, 부부싸움을 한 것도 해서는 안 될 말을 한 것도 아니다. 단지 어린 자녀를 둔 한참 혼자 쉬고 싶을 나이, 36세 워킹맘에게는 주말이 없기 때문이다. 회사가 쉬지, 나는 못 쉰다. 늘어지게 자고 퉁퉁 부은 얼굴로 일어나 잠자는 것도 지겹다고 했던 날이 언제였을까.

금요일 저녁 9시, 시선은 드라마에 입은 맥주를 꿀꺽하며 부부의 대화가 시작된다. "주말에 뭐하지." 신혼 부부라면 데이트겠지만, 우리에게는 어떻게 하루를 빠르게 활력 있게 보낼까이다. 평일은 거의 아이들과 놀아주지 못하기 때문에 주말에 양질의 활동을 해준다. 그렇게 반나절 이상을 에너지 넘치게 보내야 일찍 자고 늦게 일어난다. 그래야만 토요일 저녁 11시, 혼자만의 시간을 보내며 이 세상에서 가장 행복한 사람이 될 수 있다. 얘들아, 엄마도 다 계획이 있단다.

코로나 이전에는 주말마다 에버랜드를 갔다. 어떤 날은 이틀 모두 환상의 나라 에버랜드에서 환장의 시간을 보내기도 했다. 체력은 힘들지만, 시간은 가속도가 붙은 마냥 빠르게 흘렀고 아이들은 꿀잠을 잤다. 얼마나 자주 갔는지, 발걸음마다 시선을 사로잡는 '엄마한테 사달라고 해'라고 속삭이는 귀여운 기념품들도 식상한지 사달라는 말을 하지 않을 정도였다. 우리의 주말은 에버랜드가 책임져줬다.

날이 더워졌을 때는 서울 근교의 계곡에서 캠핑 의자를 펼쳐 놓고 다슬기를 잡고 물고기 잡기 경기를 하거나 대천 갯벌체험장에 가서 열심히 바지락을 캐고 왔다. 매주 그렇게 나돌아다니기 위해서 숙박은 무조건 집에서라는 원칙을 고수하며, 하루에 동에 번쩍 서에 번쩍 해내는 전투 육아 가족이라는 별명이 붙기도 했다. 함께 즐겁게 노는 즐거움도 있지만, 주5일 업무에 지친 몸을 이끌고 아침부터 저녁까지 말과 몸으로 정성을 다하다 보면 사실 많이 지친다. 집으로 돌아가는 길이면 눈 밑 다크써클은 그날의 에너지 가득한 놀이 시간을 말해준다.

즐겁게 놀기의 마침표는 정리의 시작이다. 쌓인 빨래를 하고, 집 구석구석 평일에 소홀했던 집안일이라는 친구를 만나러 가야 한다. 치워도 뒤돌아서면 다시 맷돼지 한 마리가 쑤시고 간 모습인 거실도, 단 5분이라도 정돈된 모습을 봐야 속이 풀리니 의미 없는 정리를 반복한다. 빈 반찬통이 쌓이는 걸 보면, 새로운 반찬을 만들어야 하는 신호임을 알아채고 냉장고를 털어내며 한 주간 일용할 양식을 만든다. 그 모든 미션을 종료해야만 비로소 나에게 소파에 앉을 권리가 주어진다.

한주의 끝 무렵인 주말을 저마다의 개성에 맞게 휴식으로 채우고 새로운 마음으로 월요일을 맞이한다. 주말은 잠깐 회사와 나를 분리하는 시간이며, A면만 노출되어 시든 나에게 B면에도 광합성의 시간을 주는 산뜻한 날이다. 아이를 낳고 달라진 수많은 마음의 소리 중하나는 주말을 기다리는 태도이다. 하루라도 빨리 주말이 오길 바라며 구글 캘린더 속 금요일 오후를 간절하게 기다렸던 내 모습은 온데간데없고, 월요일 바라기가 되었다. 누가 보면 일과 사랑에 빠진 사람 같겠지.

월요병이 씻은 듯 나은 이유는 어린이집 덕분이다. 복직을 위해 8개월 갓 넘은 어린 딸을 어린이집에 보낸 첫날, 적응 기간을 위해 고작 30분 분리에도 마치 아이를 어디 멀리 보내는 엄마처럼 어린이집 앞 벤치에 앉아 눈물 콧물 범벅으로 흐느껴 울었었다. 지금은 어린이집에 못 보내는 상황이 닥치면 그렇게 목놓아 울고 싶어진다. 누군가는 나의 고백을 듣고, 어떻게 엄마가 저럴 수 있냐? 비난할지도 모르겠다. 애 보는게 그렇게 힘들면서 뭐하러 낳았냐고 물어보면 힘든건 힘든거고 사랑은 사랑이고 육아는 또 다른 영역임을 말해주고 싶다. '진짜, 해보고 말해주실래요.'

영아이던 시절 보냈던 어린이집에 비해, 지금 남매가 다니고 있는 직장어린이집은 비교 불가의 좋은 환경이라 어린이집에 가는 날을 오매불망 기다리는 것일 수도 있다. 그런데 그 이유만은 아니다. 월요일부터 일요일까지 퇴근 없는 출근을 하는 워킹맘에게 어린이집은 비로소 완벽한 육아 퇴근의 시간을 만들어 준다. 물론 다른 출근이 기다리고 있으나, 하나가 정리된다는 것은 심리적 안정감을 제공한다. 육아를 잘 알고 잘하는 엄마는 아니지만, 육아에서 굉장히 중요한 것 중 하나가 '분리'라고 생각한다. 공식적이고 안전한 분리, 어린이집 가는 날을 환영한다. 잠시 떨어져 있는 동안 귀엽고 사랑스러운 모습을 그리워하며 육아 마음 공간에 짜증은 멀어지고 사랑이 채워진다. 물론 다시 일상이 시작되면 투닥투닥 하지만…

떨어져 있을 때 상처받지 않는다.
거리라는 것이 얼마나 위대한 의미를 갖는지
사람들은 잘 모른다.
떨어져 있을 때 우리는 상처받지 않는다.
이것은 엄청난 마법이며 동시에 훌륭한 해결책이다.
　-소노아야코, 약간의거리를둔다 중에서-

　　잠시 거리를 두었을 때, 진짜로 행복한 미소가 방긋 방긋한다는 것을 너무도 잘 아는 남편은 종종 혼자만의 시간을 선물해준다. 처음에는 "어떻게 나만 혼자 시간을 보내."하고 착한척하며 한두 번 거절했지만, 이제는 문장이 끝나기도 전에 신발 신고 나가고 없다. 참고로 반나절 정도 혼자 나가 시간을 보내고 올 수 있는 잠깐 가출용 에코백이 항시 준비되어 있다. 기회는 준비된 자만이 갖는다. 우물쭈물하다, 내 이럴 줄 알았다 하고 후회하는 날 없도록 가출 아니 외출 가방을 신발장 앞에 가지런히 두기를 추천한다. 왜 신발장 앞이냐고? 다른 방에서 주섬주섬 짐을 챙기고 있으면 아이들은 눈치가 빨라서 엄마 어디가부터 나도 갈래 비엔나소시지처럼 줄줄이 이어진다. 그래서 가급적 신속 정확하게 외출할 수

있는 가방을 적어도 금요일 저녁에는 미리 준비하기를
바란다.

PS. 어쩌면 엄마보다 더 많이 아이만을 생각해주는 선생님들에게
존경을 표한다. 분리의 시간을 주는 남편에게 더 자주 줘도 된다며
서비스는 언제나 환영이라 전한다.

엄마는 누구를 제일 사랑해?

동생이 생기고 나서 부쩍 엄마의 사랑을 확인하고 싶어 하는 딸은 누구를 제일 좋아하는지, 예뻐하는지 자주 묻는다. 자신의 이름이 먼저 나와주기를 간절히 바라는 마음이 너무도 간절히 느껴져서 동생에게는 비밀이지만, 가빈이를 제일 많이 사랑하고 그다음은 건우, 아빠라고 할 때가 있었다. 그러다 문득, 이렇게 사랑을 확인하고 그 사랑의 1번이 내가 아님을 확인하였을 때 실망하고 첫 번째가 되기 위해 애정을 갈구하는 아이가 될까 겁이 났다.

나도 한때는 그랬다. 친구들 사이에서 가장 좋은 친구가 되었으면 했고, 사랑을 먼저 고백하기보다는 고백

받기를 원하고 누군가가 나를 좋아하고 사랑해주면 그것이 행복 그 자체였다. 엄마가 좋아하는 공부를 잘하는 딸, 뭐든지 알아서 척척 준비를 잘 해내는 딸이 되면 사랑받는다 생각했고 그렇게 누군가의 기대를 충족해주면 그것이 곧 나의 목표이자 행복인 마냥 살았다. 하지만 우리 아이들은 그러지 않았으면 한다.

중학교 2학년 나의 사춘기는 벙어리 모드로 집에서는 말없는 아이로 무난하게 지나갔다. 그러다 어른이 되어 진짜 사춘기가 찾아왔었다. 나는 누구인지, 어떤 사람인지, 왜 사는지 뒷북 사춘기를 보냈다. 서울에서 대학 생활을 신나게 하고 있던 1학년 여름 어느 날, 청천벽력 같은 집이 망했다는 통보를 받은 후 내 앞에 닥친 장애물 뛰어넘기는 진짜 나를 돌아보게 하는 문들이었다.

볕이 들지 않는 동굴 속에서 출구를 찾아 힘겹게 나아가며 깨달았다. 다른 이들의 시선에 얽매이지 않고 나라는 인간의 존재 자체를 사랑하며 주어진 시간을 잘 보내는 일이 나를 사랑하고 사랑받는 일이라는 것을. 하루에 아르바이트를 3개씩 하면서 마치 드라마 속 비련의 여주인공이 된 것 같았고 좋은 환경에서 학자금대출 없이 공부하는 친구들을 보면 내 현실이 너무 초라했다. 영화관, 호프집, 미싱질에 먼지 청소까지 하루하루를 열심히 살아내며 앞으로 나는 못 할 것이 없다는 뭔지 모를 자신감이 생겨났다. 그리고 그 당시 남자친구가 '너의 환경이 계속 그러면 우리의 미래를 장담할 수 없어.'라는 말에서 꽤 큰 충격을 받았었다. 처음에 그 말을 들었을 때는 울음을 삼키며 '우리 집은 왜 이래서…'라고 생각했다가, 곱씹으면 곱씹을수록 '근데 당신이 왜 미래를 장담하지?'까지 갔다가 내 인생의 주인은 나고, 우리가 함께 어디까지 갈지는 내게도 결정권이 있어라며 나를 먼저 사랑하는 법을 터득하기도 했다. 사람은 원래, 충격을 받아야 한 단계 더 성장한다.

그래서 '누구를 제일 사랑하는지' 물을 때면 딸에게 알려줬다. 제일 많이 사랑해야 하는 것은 엄마도 아빠도 친구들도 아닌, 바로 너 자신이 되어야 한다고. 자신을 아끼고 사랑할 줄 알아야 사랑받고 사랑을 줄 수 있는 사람이 된다고 말해주었다. 여섯 살 아이에게 이해하기 어려운 말일지라도 계속 반복해서 말해준다. 이것만큼은 주입식 교육을 해도 좋다 생각한다.

며칠 전 딸아이와 남편의 대화에서 피식하고 웃음이 나왔다. "아빠는 누구를 제일 사랑해?"라고 묻는 딸. "아빠는 언제나 가빈이지. 그다음이 건우랑 엄마고." 아빠의 말에 기분 좋은 듯 웃으며 말을 덧붙인다. "그런데 엄마가 제일 먼저 사랑해야 하는 것은 자기 자신이래. 자신을 사랑해야 다른 사람을 사랑하고 사랑받을 수 있데." 주입식 교육은 꽤 효과적이었다. 이제 어떻게 자신을 사랑하는지를 알려줄 차례이다.

어떤 이는 마흔이 넘어 주변 사람들과 상관없이 온전히 나를 사랑하고 아끼며 살아가는 법을 깨닫고, 어떤 이는 아주 어릴 적부터 자존감 높은 아이로 자라 인간관계에서 큰 영향을 받지 않으며 굳건하게 잘 성장해 나가기도 한다. 저마다 시점의 차이는 있지만, 누구나 인생을 살며 나를 사랑하는 순간을 깨닫게 된다. 우리 엄마 영숙씨는 예순이 훌쩍 넘었는데도 아직 자신보다는 자식을 더 사랑하고, 나는 서른 가까이가 되어서야 나를 진짜로 사랑하게 되었다. 우리 아이들은 그보다는 조금은 빨랐으면 하는 마음이다. 미움받지 않으려고 싫은데 억지로 다가가지 않았으면 좋겠고. 파랑이 좋으면 핑크가 좋다고 말하는 친구 앞에 파랑이 좋다고 말하는 아이가 되었으면 좋겠다.

"엄마 나 이거 좋아하는데!"

난생처음 먹어보는 반찬을 좋아한다고 말하는 딸을 보고 "가빈아, 안 좋아하면 안 좋아한다고 말해도 돼. 일단 먹어보고 이야기해. 정말 네가 좋아하는 맛인지."라고 말한 적이 있다. 남들 눈치 보며, 분위기 봐서 좋아한다고 말하는 사람이지 않았으면 한다. 미움받을 용기 플러스 좋아할 용기도 있는, 멋진 어른으로 자랐으면 좋겠다.

인생은 각자도생이란다

"너 같은 딸 낳아봐야, 엄마 마음을 알지."

이 말은 세상 모든 엄마가 딸에게 보내는 저주였을지도 모르겠다. '나처럼 잘 커 준 애가 어디 있다고!'라고 했다가 요즘 딸 아이에게서 나 같은 모습을 발견했을 때 흐뭇한 감정보다 소스라치게 놀라는 일들이 많아지면서 저 말의 의미를 곱씹는 중이다.

"엄마가 그래서 나 같은 딸 낳아보라 한 거군."

아이가 클수록 점점 대화의 양이 많아졌다. 일방적으로 내 할 말만 하던 상황에서 쌍방 의사소통이 가능해

지자, 나의 깨달음도 깊어만 갔다. 아이와의 대화 속에서 보고 싶지 않은 나의 모습을 발견하며 뜨끔 하기도 하고, 마음이 몽글몽글해지는 행복의 감정이 짙어지기도 한다. 한동안 그 대화가 너무 신기해서, 밤마다 '가빈의 말'을 기록하기도 했다.

아이를 낳기 전 마음으로 그려보았던 '좋은 엄마'의 나는 없지만, 반성과 자책을 반복하며 조금씩 괜찮은 엄마가 되기 위해 노력하고 있다. 노력 중이긴 하지만, 솔직히 말해서 차라리 하루종일 일하는 게 더 낫겠다, 좋은 엄마는 못 되겠다며 자존감이 바닥을 향하는 때가 많다. 그러다가 꼭 남들이 말하는 좋은 엄마가 되어야 해? 그냥 나다우면 안 되나? 했다가 육아서적, 오은영 박사님 인터뷰 영상을 보며 다시 마음을 다잡는다. 마치 조울증 환자처럼, 나에게 엄마라는 잣대를 들이밀었을 때는 평정심이 많이 흔들린다. 저만 그런가요?

아무리 육아 관련 책을 읽어도, 육아 잘한다는 전문가들의 조언을 시청해도 그때뿐이지 나아지지 않는다.

뭐가 잘못된 것일까. 나는 불치병에 걸린 것일까. 나만 이런 걸까. 나 빼고 다 잘하는 것 같고 나 빼고 모두 다 정하고 따뜻한 엄마 같다. 이것은 마치 수학을 잘한다고 믿고 이과생이 된 자가 미분까지는 겨우겨우 해냈는데 적분에서 계속 절망하고 좌절하는 느낌이다. 엄마를 잘할 수 있을 것 같았는데, 아! 뜻대로 되지 않는단 말이지.

그러다 깨달았다. 지금 나는 내가 할 수 있는 최선을 다하고 있노라고. 서툰 것도 부족한 것도 모두 나인 것이고, 내가 서툰 만큼 아이는 성장하고, 내가 잘하는 만큼 아이는 즐겁다. 좋은 것만 준다고 다 잘 자라는 것은 아니다. 얼마전 회사에서 직장어린이집에 아이를 같이 보내고 있는 분과 나눈 대화가 생각난다. 은정님의 엄마도 워킹맘이셨는데, "엄마가 열심히 살면, 아이들도 열심히 산단다."라고 말씀해주셨다고. 나 또한 어린 시절 결핍투성이었지만, 나름 잘 성장했다. 하루하루를 누구보다 성실하게 열심히 살아가는 엄마를 보고 자랐기 때문이다.

그 어떤 것도 완벽한 것은 없다. 혁신은 결핍에서 나온다고도 하지 않는가. 그러니 완벽한 엄마, 완벽한 인간이 되지 못해 스트레스 받지 않아도 된다. 그냥 나라는 사람을 인정하고, 그저 내게 주어진 하루하루의 시간에 최선을 다하고 열심히 살아 내며 완벽보다는 완주하는 삶을 살면 된다.

애들아 원래 인생은 말이지.
각자도생이란다.

이가희

———

취미는 여행과 독서, 특기는 메모입니다.

틈틈이 떠오르는 생각들을 일난 메모로 님기는 편입니다.

맛있는 걸 사랑하고 사람들과 즐겁게 지내는 걸 좋아합니다.

동경하는 건 많지만 언제나 바라보기만 즐겨하고

이를 나름의 기쁨으로 삼기도 합니다.

제주에는
나를 만나러 갔습니다

사는 건 내 맘 같지가 않다

뚝.

머릿속에 남아있던 이성이 끊어진 소리다. 아, 나가지말까. 긴 하루의 끝 내일을 준비하며 일찍 잠들려 했건만 이놈의 여행은 시작부터 아무것도 도와주지를 않는다. 어디서부터 잘못된 거였을까. 남들은 설레며 즐겁게 한달살기를 준비한다고 하던데 '나는 가긴 갈 수 있을까, 진짜 가야 하나.'를 수만 번은 속으로 외치고 있는 거 같다. 근데 진짜 갈 수 있을까.

이 모든 사단은 가볍게 맞은 잔여 백신에서 시작했다. 뭐든 미리 해두면 좋겠거니 하는 마음이었다. 월요일 오전 타이밍 좋게 만난 잔여백신을 진짜 가벼운 마음으로 맞았다. 하지만 바로 다음날 비행기를 타야 하는 거면 고민 좀 해볼 걸. 가볍고 급하게 결정한 나의 추진력이 이럴 때는 발목을 잡고 살짝 흔드는 것 같다. 무리를 하지 않는 편이 좋다는 의사 선생님은 안전하게 일주일 정도 미루면 좋겠다 하셨지만 그럴 수는 없었다. 세세하게 짜둔 일정은 아니지만 어쨌든 준비한 비행기 티켓부터 숙소까지 모두 변경해야 하는 아찔함과 혹 기회를 날려먹을 것 같은 두려움도 있었다. 기대가 없었다는 건 말뿐이었고 마음은 이미 가서 한창이고 살고 있었는지도 모르겠다.

일단 열이 날 것 같아 타이레놀을 먹고 집에 오니 오후 5시다. 온몸이 늘어지는 게 물먹은 솜 같다. 급하게 인터넷을 뒤져보니 백신 접종하고 바로 다음날 비행기 타고 고생했다는 이야기가 꽤 많다. 어쩌지. 미리 준비 해두길 좋아하는 습관이 오늘따라 원망스러웠다. 약으로 잠으로 어떻게 해결할 수 없는 부분이라 무섭기도 했다. 하지만 이미 백신은 접종했는 걸. 내일의 컨디션을 기대하며 무거운 마음, 무거운 몸, 무거운 컨디션으로 잠이 들었다.

내 뜻대로 이루어지는 것은 사실 그리 많지 않다. 가볍게 맞고 가볍지 않게 된 몸뚱아리 덕에 결국 전체 일정을 하루 미뤘다. 그래, 하루 몸상태 더 보고 가면 좀 낫겠지. 전화위복이라고 하자. 오고 있는 택배는 다 가지고 가는 기쁨으로 출발해보자며 스스로를 달랬다. 비행기 티켓팅을 다시 하고 당일이라 취소가 안 되는 숙소는 일단 결제를 했다. 취소 수수료가 이게 얼마여.

내 마음 상태 마냥 창 밖에 비도 억수같이 온다. 대충 일정을 미루고는 아침나절부터 약 먹고 자고 눕고 일어나 조금 힘내고 다시 눕기를 반복했다. 팔이 타들어갈 것 같고 온몸이 아파 죽을 것 같은 정도까진 아니었지만 보통의 컨디션처럼 무언가 할 수는 없었다. 짐은 다 모은 건가. 택배가 겨우 다 온 것 같긴 한데. 아 모르겠다. 다시 지쳐서 자고 일어나 다저녁에 백팩이 마땅치 않아서 (어제 쿠팡을 뒤적이다가 잠들어서 결국 구매 실패로) 무거운 몸을 이끌고 폭우 속으로 일단 나갔다. 근처

아울렛에 겨우 도착해서 가방을 하나 겨우 사고 돌아와 일단 누웠다. 아이고 죽겠다.

백신 영향인지 미열과 작은 몸살 기운들이 낭낭하다. 죽을 것 같지는 않지만 이럴 거면 가지를 말까 하는 마음을 들게 했다. 아프니깐 더 기운 없고 짜증 나고 내 마음껏 움직여주지 않는 나 자신에 더 서러워졌다. 그래도 우리 내일은 출발해야지. 일정을 조정하면서 번거로웠던 작업을 내일도 다시 하는 상상은 아찔했다. 이왕 가는 거 일단 힘 내보자. 이러다 다 엎어버리고 안 한다고 하면 다음 기회는 먼 이야기가 될 것 같았다. 마음을 다잡고 무겁고 뜨겁고 늘어지는 이 몸뚱이로 꾸역꾸역 28인치 캐리어에 짐을 다 부렸다. 그리고 나는 그 캐리어를 다시 문간에 잘 세워두려고 했었다.

뚝. 두 번인가 밖에 사용하지 않았던 캐리어 손잡이가 부러지는 순간이었다. 아니 이보시오 가방 선생. 무게에 맞게 짐을 넣다 뺐다 하고 말을 듣지 않는 몸뚱이로 겨우 짐을 다 쌌다고 생각했는데 아니 다시 시작이었다. 저녁 늦은 시간이었지만 캐리어를 구해서 다시 짐을 챙기면 되긴 되는데 다 짜증이 나고 머릿속에 남아있던 가느다란 이성도 뚝 끊어졌다. 아 진짜 가지 말까. 백신 접종은 왜 해서 이렇게 시작도 안 한 여행을 꼬이게 하는가 나는. 크게 아프지 않고 지나간 식구들을 보며 나도 비슷하겠거니 했던 가벼운 생각이 만든 결과인 건가. 결국 내 탓인 거네.

진짜 다 취소를 할까 했다. 하지만 하루 미루느라 오전부터 했던 짓들을 다시 해야 하는 것부터 이렇게 가지 않으면 결국 한 달 살기는 시도도 못해보고 취업전선으로 직행을 해야 할 것 같은 현실이 확 와닿았다. 퇴사라는 좋은 핑계를 놓치면 안 될 것 같았다. 스스로를 다시 한번 다독이고 토닥이고 달래며 짐을 다시 싸기 시작했다. 고민하고 덜어내고 짐도 다시 한번 골라냈다. 결국 기내용 캐리어 하나만큼 겨우 가져가는 제주도 한달살이였다. 비가 오고 몸은 처지고 시간 단위로 더 아프지 않으려고 타이레놀을 꾸역꾸역 챙겨 먹으며 다시 짐을 싸던 그날의 나는 이렇게라도 한달살이를 하러 가보

려고 애를 쓰고 있었다. '티켓팅도 하고 숙소 예약도 다
했으니 이제 가기만 하면 된다, 오예.'하는 마음은 백만
년 전 이야기 같았다. 현실은 몸은 무겁고 일정은 다 변
경되고 생각대로 되는 게 하나 없는 이런 엉망똥창이 없
었다.

나는 왜 제주로 향했는가

우리는 항상 어딘가를 향해 걷고 있다고 생각한다. 느리든 빠르든, 높든 낮든, 옳든 그르든. 어느 방향을 향해 항상 걸어가고 있고 그런 나의 걸음에서 많은 생각을 얻게 된다. '나는 잘 가고 있는가?' 하고.

나의 퇴사는 저 의문문에서 시작한 것 같다. 승진을 하고 팀원이 늘어나고 업무가 많아지는 어쩌면 당연한 수순을 밟아가던 중 스스로에게 물었다. 나는 잘 가고 있는 건가.

개인적으로 무슨 자리든 성장을 준다고 생각한다. 자리가 사람을 만든다고도 하고. 나는 그 말을 직접 경험했고 성장도 정말 해 보았다. 그리고 그래서 퇴사를 생각하게 되었다. 물론 익숙함, 편안함이 주는 안정감도 있다. 하지만 나는 계속 걸어가야 하는데 시간이 지나고 업무가 진행될수록 계속 주저앉고 안주하는 나만 남아 있었다.

또 다른 자리에서 다른 방향으로 나아가는 나를 마주해보고 싶은 마음에 퇴사를 준비했고 타이밍 좋게 퇴사도 잘 마무리되었다. 사실 그렇게 계획적이진 못해서 뭐든 되려니 하고 일단 마무리를 한 것도 같다. 긴 시간을 한 건 아니지만 5년을 넘게 일해보니 회사일이란 게 루틴은 비슷하고 재료만 다른 것 같다. 주어지는 재료만 익숙해지면 어느 자리에서든 잘 커 갈 자신이 생겼고 그래서 여름을 끝으로 나는 퇴사를 했다.

항상 생각은 많고 고민은 넘치는 편이다. 그런 나의 한달살이의 큰 목표 중 하나는 '독립'이었다. 익숙하고 편한 곳, 당연한 사람들 사이에서 벗어나 스스로를 오롯이 마주할 시간이 필요했기 때문이다. 취준생의 덕목인 자소설도 써야 하고 포트폴리오도 준비해야 하는 이유도 있지만 사실 30대가 되고도 진지하게 나를 마주한 시간이 없었다. 딱히 불편하지 않고 시간이 없다는 핑계로 도망만 다녔다. 진심으로 마주하기 시작하면 뭔가 답을 내고 목표를 세우고 계속 끊임없이 열심히 살아야만 할 것 같았기 때문이다. 그런 사회 통념상 정답 같은 인생을 시작하기에는 너무나 두려워서 사실 겁쟁이인 나는 스스로를 마주하는 것이 무서워 그동안 도망만 다녔던 것 같다.

　사실 나이도 적지 않고 가진 돈도 없기에 다시 치열하게 취준생의 삶으로 가는 게 맞다. 하지만 지금 아니면 안 될 것 같아 한달살이를 결심하게 되었다. 사실 한 달살기의 로망은 역시 홍대 앞인데. 영혼의 고향 마포에서 한 달 살기를 꿈꿨지만 10명 중 10명이 반대를 했다. 지금 집이 일산이고 버스 타고 30분이면 서울을 가는데 어디 (감히) 서울에 돈을 바르냐는 모두의 반대에 부랴부랴 다시 어디로 갈지 고민을 하게 되었다. 운전은 못하고 자전거도 못 타고 그 흔한 킥보드도 사실 못 탄다. 바퀴 달린 것들과는 그닥 친하지 않은 편이라 도보 여행을 쉽게 할 수 있는 곳을 찾았다. 그래서 선택한 곳이 김포 공항까지 30분, 제주 공항까지 1시간이면 도착하는 가장 멀지만 가장 빨리 도착할 수 있는 제주였다.

퇴사를 결정하고 나서 친한 선배님 한 분이 해주었던 이야기가 있다. 급하게 손에 잡히는 대로 가지려 하지 말고 현재까지 누린 것들과 경험한 것들을 외면하지도 말고 앞으로 찬란한 시간을 마주하게 되는 벅찬 시간을 누리라는 진심이 담긴 응원이었다. 사실 결정된 것 하나 없는 예정 없는 막막함으로 내딛는 발걸음이 그리 유쾌하지만은 않았다. 하지만 선배님을 비롯해 지지를 해주고 응원해주는 여러 마음들에 용기를 얻었다.

멈추어 선다고 실패가 아니다. 하지만 잠시 주춤 만 해도 나는 뒤쳐지는 것 같고 지는 것 같은 기분이 되어버려서 때론 멈칫하기도 두려웠다. 뭐라도 해야 한다고 정신없이 달려가는 지금은 사실 이정표를 정확히 살펴볼 시점이었고 마침 퇴사와 취직 준비 사이라는 좋은 타이밍이었다. 그래서 나는 나를 마주하는 시간을 놓치지 않기로 마음먹었다.

그렇게 퇴사하고 다음날 (하루 아프고) 나는 제주로 가게 되었다.

아직 자유가 낯선 도비의 하루

*도비(Dobby) : J.K. 롤링의 판타지 소설 해리 포터에 등장하는 집 요정

주인의 양말을 받은 도비라고 하면 쿨하게 자유를 따라가는 삶이 맞는 건데. 매일 하던 일상을 벗어나 새로운 시간을 쌓아가는 데 나는 양말을 쥐고도 자유를 탐하지 못하는 도비 같았다. 내가 하던 청소는 어쩌지. 설거지도 있고. 아 주인님이 과연 뒷마당 잡초는 잘 뽑으실까 고민하는 도비처럼 나도 평소 지내던 내 일상을 당장 벗어나기는 쉽지가 않았다.

살림을 돕는 손길은 했어도 스스로 먹고살기를 위해 돈은 사용해본 적은 없어서 낯선 선택이 잔뜩인 한 달살기의 시작이었다. 종종 1인 가구 가장의 마음이 이런 마음인가 싶기도 했다. 매일 무언가 새로운 걸 봐야

만 할 것 같아서 동네를 기웃거리고 하지만 사실 딱히 뭘 사야 할지도 모르겠고 사고 싶지도 않은 마음에 동네만 백 바퀴 돌다가 돌아온다. 그냥 일단 한번 저질러보면 참 좋을 텐데 스스로에겐 뭔가 마음 편히 시도하는 게 쉽지가 않다.

그날 저녁도 비가 꽤 많이 내리고 있었다. 이미 만 보정도 걸었지만 근처에 마음에 딱 드는 메뉴는 없어서 신발도 마음도 계속 젖어만 가는 저녁이 있었다. 고민을 하다가 결국 근처 편의점에서 간단하게 떡볶이를 샀는데 숙소 1층 로비에 전자레인지는 있는데 물은 구비되어있지 않아 11층 내 방에 가서 저 떡볶이에 물을 붓고 다시 내려가서 전자레인지 3분 땡을 돌리고 다시 들고 모셔와야 하는 정말 빡치는 상황에 마주했다. 이러려고 제주에 왔나 하는 짜증이 막 터져 나왔다. 그냥 아무거나 대충 시켜먹던가 아니면 일단 먹고 들어오지. 오늘의 도비는 뭘 또 그렇게 꾸역꾸역 해내느라 그 저녁에 밥도 못 먹고 고작 그 렌지 하나에 이리도 슬픈 시간을 맞이하고 있는지. 진짜 짠내 나는 여행의 시작인가. 여행인지 살러온 건지 뭔지 여튼.

일단 추스르고 방으로 올라왔다. 다시 1층 전자레인지로 가는 건 귀찮아 전기 포트에 물 넣고 떡 넣고 한참을 부들하게 끓이다가 건져두고 그릇에 부들한 떡이고 뜨거운 물이고 소스고 부어서 완성한 떡볶이는 생각보다 맛있어서 불편했던 마음들을 다 풀어주었다. 나 진짜 단순한 사람이구나. 배가 고파서 짜증이 넘쳤던 건가 싶기도 하고. 돌고 돌다가 결국 마지막에 한 선택이 가장 초라한데 비용이 클 때면 허탈하고 짜증이 나면서 나는 나에게 왜 이리도 박한지 싶다고 투덜도 거린다. 그런데 또 그 실망의 결과에서 맛있는 떡볶이라는 소소한 위로를 만나 마음이 풀어져 즐겁게 떡볶이를 마저 먹는다. 그것도 맛있게. 이렇게 제주 날씨만큼이나 오락가락하는 낯선 모습도 사실 나였구나 싶었다.

자 이제 시작이야

이왕 느긋하고 이왕 힐링을 하자며 온 이 도시에서 나는 또 돈 천 원에 끙끙거리며 나 스스로에게만 박하게 굴고 있었다. 천원이 뭐라고. 항상 어딘가 모임에 속해 있거나 친구들 만나는 것도 즐겨해서 혼자만의 시간을 잘 보내본 적이 많지 않았다. 기껏 집에서 '이불 밖은 위험해'나 하고 유튜브나 봤지 이렇게 하루를 위해서 생각하고 결정하는 시간이 거의 없어서 스스로에게 돈 천원 쓰는 것도 이제야 하나씩 밟아가 본다.

지경을 넓혀간다는 것. 엄청 어려운 말 같지만 사실 직간접적인 경험을 늘려서 보이는 게 많아진다고 해야 할까. 해보고 나서 좋고 싫고를 결정하는 거랑 해보지도 않고 시작도 안한채 모르고 싫다는 것은 다른 것처럼,

존재의 여부도 몰랐던 분야를 접하고 경험도 해보고 시야를 넓혀가는 건 삶에 결을 쌓아가는 것 같다. 레이어를 쌓아간다는 거라고 해야 할까. 그렇게 쌓아가면서 밀도를 높여가는 게 인생이 아닐까. 천 원에서 시작한 이야기가 밀도까지 와버렸네.

　　일상은 사실 숙제 같은 존재였던가. 제주에서의 시간이 일상이어야 하지만 아직 이런 일상이 낯선 도비. 우리같이 무딘 사람들이 없다는 엄마의 말을 듣고 자라와서 그런가. 크면서 스스로 예민한 사람이라고 생각해본 적이 한 번도 없었고 다만 눈치 좀 빠르고 센스가 있는 그 정도라고만 생각했었다. 하지만 사실 나는 섬세하고 예민한 사람이란 걸 사회생활에 철저히 부서져가던 만 서른을 넘겨가며 배웠던 것 같다. 나 자신을 마주하는 것조차 참 느린 것 같기도 하고. 예민함에 좋다 나쁘다 점수를 매길 수는 없는 거지만 이렇게 생각이 쏟아지는 일정에서는 푹신한 침대도 낯설기만 하고 바라던 일정도 괜히 숙제 같기만 하다. 아직 새벽 6시면 기상하는 도비는 야생의 토끼처럼 오늘도 안테나를 세우고 잠드나 보다.

내가 좋아하는 건 뭐였지

나는 편식을 한다. 당근은 토끼나 먹는 거고 오이를 싫어하는 사람들의 모임에도 진즉 가입되어있다. 입이 짧은 편은 아닌데 기분이 닿지 않으면 잘 먹지 않는 것들이 있다. 그중 하나가 무화과다. 식감에 비해 맛이 없는無 기억이 있어서 그다지 좋아하지 않는다.

그날은 날씨가 참 좋았다. 어딜 갈까 하다가 숙소 가까이 아껴두었던 카페에 갔다. 그리고 쇼케이스에 있던 무화과 타르트를 일단 홀린 듯 주문했다. 아니 세상에 진짜 예쁘네. 비주얼만 예쁜 건 아닐까. 일단 겁을 조금 먹고 작게 한 조각 맛을 본다. 세상에 맛있네. 무화과가 이렇게 달고 맛있는 과일이었네. 입안에서 녹진하게 퍼지는 가벼운 단맛이 좋다. 알맞게 익어 무르지도 않고. 자몽빛 빛나던 속살과 초록초록 포인트가 눈으로 반하게 하더니 달큰하고 녹진한 과일 맛이 입으로도 반하게 한다. 나 사실 무화과 좋아하는 거였네.

읽던 책도 마저 보고 커피도 마시고 햇살도 구경하고 밀린 포스팅에 뭐에 시간을 보내고 나니 금방 오후다. 책도 다 읽었으니 가까운 도서관에 산책 겸 책 반납을 하러 살살 가볼까. 9월 19일, 오늘의 제주는 가을을 코 앞에 마주하고 있었다. 9월 제주 날씨가 늦여름 같다 어떻다 했었는데 이제는 진짜 가을이 훅 되어버린 느낌이다. 아직 기온이 좀 높긴 하지만 불어오는 바람이 다르다. 서늘함이 담긴 딱 가을바람 느낌이랄까. 내가 좋아하는 가을이 진짜 시작이네.

이제 열흘쯤 남은 건가. 나는 무엇을 마저 하고 집에 가야 하는 걸까.

#아무것도안하기

여기 오기 전에 추천받은 일정 1순위였는데 나는 아직도 무언가 계속해야만 한다는 생각이 가득하다. 살살 퇴근하려는 햇살을 도서관 마당에서 느긋하게 구경하다 집으로 돌아왔다. 해가 지는 시간 즈음 숙소에서 유튜브를 켜 두고 요가 매트에 누워본다. 뒹굴뒹굴 폼롤러와 뒹굴며 해지는 잠깐에 운동을 한다. 강사님 영상을 보며 '슨생님 죄송해요, 으어어억'을 백번쯤 외치고 나면 끝나는 폼롤러 스트레칭. 하지만 다하고 개운해지는 기분이 참 좋다.

오늘도 좋았네. 이 한달살기에서 나는 나를 오롯이 마주 보고 내가 뭘 좋아하고 즐거운지를 알아보고 싶었던 거 같다. 아직도 사실 뭔가 끝까지 해낸 것 같지는 않지만 군중 속에서 혼자 시간을 보내거나 숙소에서 혼자 시간을 보내면서 나를 들여다보는 연습을 하는 것 같다. 좀 더 마주 보자, 내가 좋아하는 것들을 또.

내가 좋아한 천지연과 삼매봉 도서관

아침부터 날씨가 참 좋았다. 일찍 눈도 떠졌겠다 오늘은 천지연이다. 이른 아침이라 그런가 괜히 더 반짝이는 날씨 같고 나무도 초록초록한 게 내 기분도 덩달아 싱그러워진다. 시간을 잘 맞췄는지 서너팀 정도뿐인 한산한 폭포 앞은 한적한 느낌에 더 운치가 있었다. 콸콸콸 쏟아지는 물줄기에 가만히 앉아 물멍을 해본다. 저렇게 쏟아내 버리면 좀 더 개운해질 텐데. 손안에 움켜쥐고는 놓지 못하고 있는 건 무엇이었지 하고 생각이 들었다. 제주 한달살기를 오기 전 묵은 시간을 골라내자 싶어 시간을 내서 방 정리를 했다. 책장 가득 책도 가볍게 훑어서 중고시장에 내어주고 초등학생 적 편지들도 한번 골라내서는 몇 개만 남기고 정리해버렸다. 옷장도 서랍도 후루룩 꺼내서 애매한 옷들은 쿨하게 해치웠다. 속이 다 시원했다.

쏟아지는 물줄기를 보면 내가 더 버리지 못한 건 무엇인지 생각했다. 물리적으로 가진 짐도 짐인데 마음의 짐이 아니었을까 싶었다. 근무를 하며 한동안 숨이 막히는 기분이 들면 창문을 보고 크게 숨을 쉬다가 앉곤 한 적이 있었다. 지금은 많이 나아졌는데 공간에 꽉 들어찬 공기마저도 버겁게 느껴지는 시간이 있었다. 입사 연차가 늘면서 업무도 늘고 함께 일하는 사람들도 늘어났다. 그 안에서 나도 내 마음을 감당할 수 있게 자주 늘려가야 하는데 자리에 맞게 따라가기 급급하느라 마음 늘리기를 소홀히 여겼던 거 같다. 어떻게 이겨냈더라. 뭔가 크게 달라지진 않았고 한 번씩 주변에서 챙겨주는 위로가 쌓여 상황을 빗겨 나오게 한 거지 싶다.

'저 사람도 집에 가면 똥 싸'라는 이야기를 하며 별 것도 아니니 겁먹지 말라고 생각을 틔워주는 친구가 있었다. 새로운 여행과 맛있는 밥 등으로 즐거워지는 팁을

주는 선배도 있었고 같이 욕을 왕창 하며 마음을 개운하게 해주는 후배도 있었다. 감사하게도 나 스스로 덜어낼 수 없던 마음의 짐을 사람들이 한 스푼씩 털어내며 함께 걸어가 주고 있었다. 그렇네, 내가 그 자리에서 일어나 털고 나오면 되는 건데 그래도 될까 하며 주저하는 마음이 문제였다. 그래도 된다. 그러니 이젠 털어버리자. 있던 자리에 고민을 두고 벌떡 일어났다. 이제 털어 버리자.

지도 어플을 검색해보니 1.1km 정도 가까이에 삼매봉도서관이 있었다. 내 사랑 도서관은 또 참을 수 없지. 걸어서 20분이면 금방이니 작게 계단 1회가 적혀있는 건 주의 깊게 보지 않고 아주 가벼운 마음으로 도서관을 향했다. 세상에 계단 1회가 산 넘어 등반인 계단이라니. 10분 이상 지나온 나는 다시 돌아갈 수 없는 강을 건너버린 상황이라 꾹꾹 참고 하염없이 계단을 올랐다. 그래 누굴 탓하나. 등산로 입구 찾느라 20분 넘게 코 앞에서 헤매는 파워길치인 것도 지도 어플에 높이는 표시되지 않는 것도 누굴 탓해. 500미리 물병을 부여잡고는

1이랑 8을 주문같이 외우며 꾸역꾸역 겨우 올라섰다. 도서관 가기 쉽지가 않다. 언덕 위에 올라서 보니 한바탕 흘린 땀 덕분인가 생각지 않은 해방감이 있었다. 이제 다 왔다. 남은 생수를 털어마시고 삼매봉 도서관으로 마저 걸음을 옮겼다.

도서관에 들어서니 귀뚤귀뚤 보다는 찌르찌르찌르르에 가까운 귀뚜라미 BGM이 정겹다. 일부러 틀어놓은 게 아닌 실물 BGM 일건대 오늘따라 고요함에 운치를 더한다. 생각보다 작은 규모였지만 알차게 다 들어있는 것 같은 도서관. 빽빽한 책들이 주는 안정감이 있는데 여기도 그렇다. 아 여기 내 아지트 해야겠네. 실컷 걷고 앉아서 책을 들여다보고 있으니 세상 편하다. 뭐가 그렇게 항상 어렵기만 한 건지. 꾹꾹 담아 넘치게 들고 다니는 마음의 봇짐은 이제 좀 내려두는 연습을 꾸준히 해봐야겠다.

가이드 PARK과 함께하는 제주 다시보기 프로젝트

새벽같이 버스를 잡아타고 후배PARK이 숙소에 도착했다. 오자마자 인사할 새도 없이 일단 집을 나선다. 버스를 타고 20분, 아직 아침이 반짝이는 시간에 테라로사에 도착했다. 이게 얼마만인지. 작년 언젠가 살짝 만났던 광화문이 마지막이었나 하고 기억을 되짚어 보았다. 오랜만에 만난만큼 담아두었던 이야기가 많았다.

사회에서 좋은 사람을 만나기 어렵다는 건 나이를 먹어갈수록 더 실감하게 된다. 일을 잘해야 하는 건 사실 기본이다. 출근의 목적은 업무니깐 자기 몫은 해야지. 거기에 인간적인 면들이 많아서 사람으로서도 호감 가는 사람을 만나기는 시간이 지날수록 손에 꼽게 되는 거 같다. 우리는 그런 조직 안에서 어떻게 살아남아가야 하는가. 나와 맞지 않다고 고치려고 달려들기보다는 상대를 파악하고 어우러질 수 있는 면을 찾아 이용해보자. 사실 말로는 가능한데 막상 상황에 닥치면 분통 터지기 부지기수긴 하다. 그런 점에서 우리가 일찍 만나 함께 팀을 이뤄서 일을 해본건 참 우리 인생에 행운이었다. 회사를 나와서도 좋은 연이 되는 걸 보니 동료에서 전우로 업그레이드 한 사이 같기도 하고. 한참이고 이런저런 마음이 가득한 이야기를 커피 한잔과 실컷 나누었다. 이런 시간 진짜 오랜만이네. 말이 통하는 사람과 편안한 소리를 하는 게 진짜 얼마만이었는지 싶었다.

제주에 기대도 일정도 없이 왔다는 팀장놈의 당당한 선포에 뜨악하며 아이는 가방에서 종이를 꺼낸다. 제주 지도와 빽빽하게 적힌 고민의 흔적들. 그렇게 제주가 얼마나 좋은지 알려준다는 그녀의 진심이 이번 여행의 목적이 되었다. 몇 년 전 혼자 왔던 제주는 참 좋았다며 내가 보고 좋았던 것들을 내가 좋아하는 사람들과 다시 공유하려는 마음이 예뻤다, 어쭈.

우리는 우선 버스를 타고 쇠소깍에 도착했다. 유명한 카약을 타지는 않았지만 구경만으로도 좋았다. 어 좀 예쁘네. 아니 넘들 카약 타는 거 구경이 이렇게 예쁠일인가. 넘치는 파란 하늘에 맑은 물에 좋은 날씨에 구경만으로도 기분이 너무 좋았다.

다음 목적지는 치유의 숲이다. 결론을 먼저 말하자면 저 숲에는 결국 들어가지 못했다. 버스로 가볍게 갈 수 있다 여겼던 치유의 숲은 사실 하루에 버스가 네 번뿐이고 우리가 타고 왔던 버스는 거기까지 가지 않는단다. 남은 거리가 버스로는 한 정거장인데 사실 차로는 단 4분 거리지만 걸어서는 50분이라는 슬픈 이야기를 들었다. 기지를 발휘해서 카카오택시로 도착했지만 슬리퍼를 신고 온 후배는 위험해서 입장이 불가하다는 이야기를 듣고 우리는 숲 입구 사진만 백장 찍고 버스 정류장으로 돌아왔다.

인생. 삶은 진짜 생각대로 되지 않는다고 아무리 열심히 고민하고 계획한다고 한들 내 마음 같지 않은 상황이 사실 진짜 더 많은 것 같다, 오늘처럼. 뭐 근데 그런

들 어떤가. 오는 길에 마셨던 시원한 밀크티처럼 생각지 않았던 즐거운 만남도 기다리고 있으니 그 또한 좋지 않겠냐며. 그날의 초록초록은 사진으로만 남겨본다. 또 마주할 날이 있겠지. 우리는 이렇게 하루에 네 번 있다는 버스의 마지막 차를 타고 다시 숙소로 안전하게 돌아왔다.

다음날, 고민에 고민을 하다가 급하게 일정을 변경한 우리는 제주시내로 향했다. 아부지 손바닥처럼 두꺼운 갈치조림을 아침으로 먹고 버스를 탔다. 가볍게 58개 정도의 정류장을 지나면 제주 시내를 만날 수 있다.

숙소에 짐을 두고 도두봉 해안으로 갔다. 컨디션 난조에 카페인 부족인가 싶어 일단 카페에 자리를 잡았다. 좋은 날씨, 예쁜 바다, 맛있는 커피라는 삼박자가 넘치는데도 떨어진 컨디션은 올라올 기미를 보이질 않는다. 먼저 숙소로 돌아갈까 하다가 20분 정도면 된다는 도두봉을 함께 걸었다. 떨어진 체력에 조금 숨차 하며 걷다 보니 어느새 한 바퀴가 금방이다.

끝나지 않을 것 같은 시간은 꾸준히 끝을 향하다 보면 언젠가 꼭 그 끝을 만나게 해 준다. 하지만 사실 생각보다 그 끝까지 꾸준하게 가는 게 쉽지 않은 상황도 많다. 자의거나 타의거나 넘어지거나 주저앉거나 뭐. 툭툭 털고 일어나 씩씩하게 걸으면 좋겠지만 그렇게 레이스가 끝나버리고 말기도 한다. 그런데 그런 넘어짐의 경험도 쌓이고 쌓여서 나에게 경험이란 게 되더라. 뭐든 시간이 쌓여서 나를 만들어 간다는 말이 이렇게 진짜 새삼 와닿는다.

오늘도 우리는 참 열심히 걷고 먹고 지치고 다시 걷고 마음도 생각도 이야기도 하고 실컷 시간을 보냈다. 오늘도 알찬 하루였네. 나 이제야 좀 제주에 여행 온 것 같다.

적당한 바가지 쓰기도 때론 필요하다

　숙소 가까운 서귀포 올레시장에서 귤과 황금향을 산 날이었다. 시장을 한 다섯 바퀴는 돌면서 과일을 살피고 가격도 살피고 사장님도 살피며 꼼꼼하게 나름의 비교를 하고 입구 쪽에 가성비가 좋은 것 같은 노점 사장님께 만 원어치 과일을 사들고 집으로 돌아왔다.

　사람들이 제 값을 주고 사는 데는 다 이유가 있었다. 백 원, 이백 원에 벌벌 떨면서 과일을 고르다가 귤이 맛없는 건 처음 알게 되었다. 아이고 맛없어라. 너무 저렴한 것만 찾아다니다가 하나도 건지지 못했다는 슬픈 이야기는 제주 황금향 구매에서 시작하나 보다.

실패에 참 약하다. 넘어질 수도 있는데 아니 사실 넘어지고 나서 툭툭 털고 일어나면 되던데. 그 넘어지기 직전까지 드는 아플까 쪽팔릴까에 대한 생각 때문일까 넘어지는 건 언제나 두렵기만 하다. 작은 실패가 쌓였으면 넘어져도 조금은 의연한 대처를 했을지도 모르는데 작은 실패 없이 마주한 큰 실패들은 멘탈을 통째로 파사삭 나가게 한다. 실패의 원인을 찾고 어떻게 수정하고 앞으로 나아지면 되는가가 아닌 그저 실패 앞에 부서진 나만 오롯이 남았다.

어릴 적 덜 쌓은 실패 포인트를 이제사 쌓아가려니 하루하루가 그렇게도 위태로웠던가 싶기도 하다. 받아쓰기 한두 개 틀리기랑은 차원이 다른 실패를 하려니 멘탈이 나갈 만도 했다. 지금도 사실 매일이 쿠크다스 멘탈 같지만 그래도 실패 포인트를 조금 적립한 걸까. 조금 나아진 의연함에 이렇게 나아지고 달라지는 건가 싶기도 하다. 실패가 조금 더 쉽게 다가왔다면 조금은 덜 겁쟁이로 컸을까 싶은 생각이 들었다. 아닌가, 타고난 겁쟁이라 크게 다르지 않았을지도 모르겠다.

그냥 제 가격에 사자. 뭐가 그렇게 겁나기만 하는 건지. 그렇게 사 보기도 좀 하자. 사장님도 고민하고 결정한 가격이고 동네 물가가 그렇다고 하면 그런 걸 따라 주기도 해야지. 나의 작은 기준 안에 사느라 한참 고민해서 고르고는 결국 마음에 꼭 들지 않아서 후회하기 종종이었다. 귤 좀 맛없는 거 샀다고 인생이 실패한 건 아니다. 그러니 실패 포인트는 이렇게 귤 한 봉지 사는데서 쌓기 시작해보자. 가성비 따지다가 귤 한 봉지를 내내 맹맹하게 먹으며 나를 탓하는 건 그만하기로 하고 무엇이든 일단 해보고 나서 이런 경험도 있었다 하는 작은 실패를 귤 하나로 적립해 본다.

이제서야 제주에 와 닿은 사람

태풍이 오고 있던 어느 날, 택시 기사님과 두런두런 집으로 가는데 한달살이를 하고 있다고 하니 그냥 아무것도 안 하는 것도 참 의미가 있다고 추천해주셨다. 그냥 느긋하게 커피 하나 시켜놓고 멍 때리고, 무슨무슨 숲에 가서 그냥 나무 보고 또 멍 때리고. 그런 시간들로 채워가다 보면 에너지 가득 찬 내가 될 거라고 그러니 지금의 시간들을 좀 더 느긋하게 보내도 된다는 귀한 위로가 있었다.

항상 정답을 찾아 헤매는 편이었다. 답이 아닌 것들을 손에 쥐면 왠지 지는 기분이기도 했다. 그런데 사실 처음부터 답이란 게 존재는 했었을까. 제주에서의 시간도 사실 뭔가 알차게 채워내야만 한다는 생각이 항상 가득이었다. 사실 알아주는 파워집순이라 보내는 친구들도 남동생도 집 밖에 나오긴 해야 한다며 걱정들을 해주었다. 하지만 걱정이 무색하게 제주에 있는 동안 하루에 만보씩 걸어 다녔다. 제주도의 사악한 거리들에 (예를 들어 차로 4분, 걸어서 4–50분 등) 어딘가 가려면 일단 편도 20분 정도 가볍게 걷는다 하고 나와야만 했다. 커피 한 잔을 우아하기 위해서라도 일단 운동화를 신고 문을 여는 건 했어야 하는 게 현실이었다. 그래서인지 한 달을 사는 동안 진짜 열심히 걸었던 것 같다.

계획했던 기간이 다 되어간다. 며칠 안 남은 이 시간. 숙소 밖에 안 나가고 방콕만 할까 봐 걱정해주던 모든 이들에게 우선 감사의 마음을 전한다. 뚜벅이지만 생각보다 잘 나다니고 있었다고. 제주 여행에 유명한 곳을 전부 다 갈 수는 없었지만 아쉬움에 고민이 되는 곳이면 일단 아침에 눈뜨고 집을 나서서 그 방향으로 걷기 시작하게 되었다. 고작 침대 맡만 전전하던 내가 이제는 일단 문은 열고 나오는 나로 한 단계 나아가 있었다.

에필로그. 그래서 나는 나를 잘 만났을까요

나는 생각보다 무화과를 좋아했다. 하지만 사실 직접 돈 주고 사 먹기에는 역시 아직은 조금 어려운 것 같기도 하다. 삶에는 정답이 없는 것 같다. 하지만 우리는 매일의 시간에 점수를 매기며 나를 평가하거나 재단하고 있지는 않은가. 마음에 병이 오는 건 나를 담은 병을 한 번쯤 깨야 모든 것이 쏟아져 나오는데 우리는 꾸역꾸역 버리지 못하는 연습만 하고 있어서 그런 건 아닌지도 싶다.

나는 나를 만날 잘 만났을까요. 사실 아직 잘 모르겠다. 하지만 지금도 (어쩌면) 취업을 준비 중이고 자소설이라는 나의 소설을 매일 쓰고 고치고 있을지도 모르겠다. 보여주고 싶은 허구의 나와 진짜 현실의 나를 적당히 버무려가면서 채워가는 이야기에 제주에서의 시간은 언제였나 싶게 지나가버렸을지도 모른다. 이렇게 제주에서의 시간은 끝났지만 만점을 위한 시험도 아니었고 삶을 걸어가는 과정 가운데 하나였기에 딱히 결과가 없어도 즐거운 결을 쌓는 과정이 아니었을까 싶다. 좋은 결이든 싫은 결이든 나쁜 경험이었든 속상한 기억이었든 쌓이고 나면 언젠가 나의 일상에서 발현이 된다. 일대일 대응 같이 두드러지진 않지만 묻어나는 과정에 나의 시간들이 있는 것이기에 제주에서의 시간들 또한 좋은 경험이었도다 하게 되었다.

여름을 끝내고 출발한 제주도였는데 제주는 여전히 여름이었고 나는 계속 더웠다. 계획도 준비도 없이 왔던 제주에서 나는 충분히 있다 가는 걸까. 독립이라는 나를 충분히 마주하는 시간을 원해서 꾸역꾸역 왔던 여행이었는데 얼마나 나를 충분히 만난 시간이었을까. 뭐, 날 좋은 아침부터 한없이 높은 하늘과 시원한 바다를 그저 바라보고 느긋해서 좋았고 붉게 해가 지는 시간이면 멍

하니 노을을 보며 예쁘다 하고 마음이 풀어지는 나날이었다.

일상과 여행의 중간 어디에선가 나는 계속 나를 찾는다. 어디서나 잘 맞춰서 분위기를 타고 가지만 정작 나를 두드러지게 보여주거나 드러내는 건 딱히 즐기지 않았었다. 그래서 그런가. 가만히 마주 앉아 나를 관찰하려는 스스로에게도 나는 나를 잘 보여주지 않았다.

뭐 그런 맛에 여행도 하는 거겠지. 답이 없는 길이라 좋고 결과에 연연하지 않아도 되는 시간이라 마음이 놓인다. 그래도 이제 다시 치열하게 부딪히고 일하고 거기서 살아있는 나를 만나는 것도 다시 하고 싶다.

즐겁다. 내일은 또 무엇을 할까.

신성희

공원을 걷습니다. 놀이터의 어린아이,
그 아이들을 보살피는 엄마, 한쪽 벤치에 앉아 있는 할머니.
모두 내 모습이라는 걸 조금씩 배워가는 작가, 신성희입니다.

고개를 돌리면
문은 어디에나 있다

프롤로그

집으로 돌아가는 길에 비둘기가 있었어요. 사람도 겁내지 않고 뒤뚱뒤뚱 걸어 다닙니다. 퉁퉁하게 살이 찐 비둘기들을 보고 반기는 건 아이들뿐입니다. 사람들 대부분은 비둘기를 피하지요. 누가 먹이를 줘 저렇게 살이 쪘냐며 타박하는 사람들도 있고요. 비둘기가 천연기념물이었으면 비둘기를 만난 것 자체가 기쁨이고 귀한 마음이 들었을까요? 흔하고 너무 가까이 있으면 소중함을 잊게 된다는 말이 여기에도 적용되는지요. 우연히 눈앞을 지나는 비둘기를 자세히 본 적이 있습니다. 걸음걸이가 이상해 자세히 보니 발가락이 잘린 비둘기였지요. 그발로 뒤뚱대며 걷고 있는 비둘기의 걸음을 따라 눈길을 옮기니 다른 비둘기 한 마리를 만나게 됩니다. 그 아이는 부리가 휘어서 부리를 다물 수 없네요. 그러고 나니 그때부터는 비둘기들의 상처들이 보입니다. 비둘기들의 상처가 우리의 탓인 것 같아 미안하고 안타까웠습니다. 평화의 상징이었던 하얗게 빛나는 자태의 비둘기는 서로 섞여 요상한 색의 깃털을 갖게 되었고 삶에서 얻은 상처들을 안은 채 용감해져 사람 따위를 겁내지 않습니다. 어쩌면 우리의 모습과 같은 건 아닌가 생각해 봅니다. 우리도 걸음마를 떼고 어른이 되어가면서 서로에게 상처를 주고받으며 서로를 피하고 또 만나고 살아가고 있으니까요. 또 한 마리의 비둘기를 만났습니다. 이제 그 이야기를 해보려고 합니다.

하늘을 향해 날아도

푸드덕 쿵. 푸드덕푸드덕 쿵. 푸드덕… 복도를 타고 어디선가 소리가 들려왔다. 빈 강의실을 한 칸, 한 칸 지나가면서 소리는 가까워졌다. 이 강의실이구나. 비둘기 한 마리가 텅 빈 강의실을 푸드덕 대며 날고 있었다. 어쩌다가 여기까지 들어온 거니? 생각하면서도 문밖으로 나와 내게 달려들까 봐 겁이 나 단단히 닫힌 문을 확인했다. 비둘기가 들어와 있는 강의실 안을 살펴봤다. 오늘도 어제처럼 비가 많이 내리고 있었다. 어제 낮은 번쩍대는 번개와 요란한 천둥으로 내내 저녁같이 어두웠다. 오늘은 좀 날씨가 좋아질까 싶었는데 오늘도 역시 요란한 비가 한바탕 쏟아지다 멈추기를 반복하다 지금은 이슬비 정도의 비가 날리고 있었다. 학생들의 강의가 끝나 모두 하교하는 시간에 비가 잦아들어 다행이다 싶었다. 조용해진 복도를 지나가고 있을 때 한 강의실에서 비둘기를 발견한 것이다. 한때 평화의 상징이었던 비둘기가 이제는 길에서 제일 흔히 볼 수 있는 새가 되었다. 그런 흔한 비둘기를 예쁘다고 만져보고 싶어 하는 사람은 아장아장 걷기 시작하는, 세상의 모든 것을 다 처음 만나는 아기들뿐이었다. 한 마디로 난 비둘기를 싫어한다. 그런데 그 비둘기가 내 강의실에 있는 것이다.

복도 창문에서 바라본 강의실 안은 고요했다. 잘 정돈된 책상과 의자들, 멀티기구들이 가지런하고 차분하게 각자의 자리에 놓여있었다. 그 공간에 어울리지 않게 비둘기 한 마리가 날고 있었다. 푸드덕 푸드덕. 평화롭고 안정된 날갯짓은 아니었다. 내가 강의실 안에 있는 비둘기를 보는 것이 낯설고 싫은 것처럼 비둘기도 내 강의실에 있는 것이 좋은 것 같진 않았다. 날갯짓의 방향도 속도도 제 멋대로인 당황스러움과 두려움 그 자체였다. 강의실의 바깥쪽으로 나 있는 창문은 강의실 한 쪽의 끝에서 끝까지 연결되어 있다. 창문 두 짝이 한 세트로 창문을 열려면 한쪽이 다른 쪽 창문 뒤로 밀려 들어가야 했다. 비가 잠시 그쳤을 때 환기를 위해 열어뒀을까? 바깥쪽으로 나 있는 창문들은 한 세트당 한쪽씩 다 열려있었고 높이는 내 키보다도 크다. 창문 앞으로 강의실 안쪽에 긴 쇠 난간이 길게 가로질러 있다. 비둘기는 퍼붓는 비가 잦아든 사이 하늘을 날다 다시 비가 조금씩 내리자 비를 피하고 잠시 앉아 쉴 요량으로 들어온 것 같았다. 그러나 안락한 쉼터가 된 강의실을 나가려니 투명한 유리창에 막혀 나가지 못하고 있던 것 같았다. 분명 눈 앞에 펼쳐진 하늘을 바라보고 날아올랐지만 쿵. 머리를 유리창에 부딪히고 어안이 벙벙하다. 다시 푸드덕! 다시 쿵! 몇 번이고 날아오르다 유리창에 머리를 부딪치고 있었다. 부딪히는 횟수가 늘어날 때마다 다음 날갯짓은 정돈되지 않고 불규칙해지고 더욱 강력해졌다가 이내 날갯짓이 느려지고 힘이 빠졌다. 이 난감한 상황이 당황스러웠을까? 강의실 난간에 앉아 고개를 갸우뚱거린다. 한참을 주위를 살피며 갸우뚱대다가 다시 한번 날갯짓을 하다가 쿵! 난간에 다시 앉고는 커다란 유리창 넘어 하늘을 바라본다. 강의실 비둘기는 다른 비둘기들의 왜 거기 있냐고 묻는 듯한 소리도 듣는다. 바로 옆 열린 창문으로 비껴 들이쳐 들어오는 비를 온몸을 맞고 있다. 밖에서 불어오는 제법 강한 바람도 느끼면서. 얼마나 이상할까. 자유롭게 날던 하늘이 있는 곳에 동료들의 소리, 몸에 들이치는 비, 바람이 온몸으로 느껴지고 눈앞엔 날아오를 하늘이 있는데 왜 나갈 수가 없는지. 비둘기 마음을 알 것 같았다. 그래도 도망가지 않고 비둘기는 밖이 보이는 난간에서 창밖을 한참을 바라보기만 한다. 푸드덕 대지도 않고 고개를 갸우뚱거리지도 않는다. 유리창에 부딪힌 몸이 고통스러울 것이다. 몸이 고통스러운 만큼 이해되지 않는 이 상황 자체가 두려울 것이다. 눈앞에 보이는 하늘을 향해 날아올라도 날아오를 수 없는 것. 충분히 이해할 수 있었다. 나도 그런 적이 있었으니까.

낯선 하늘을 걷다

비가 내린 날 낯선 공간에 들어와 허둥대던 비둘기와 같던 상황이 있다. 나에게도 매일 비가 내리던 날들이 있었다. 그 비는 가랑비이기도 또 다른 날은 폭우이기도 했다. 긴 인생으로 보면 짧은 순간 소나기일 수 있겠지만 그때의 나에게는 영원히 끝날 것 같지 않은 습기 가득해 불쾌한 지루한 장마였던 그때가 있었다. 우산은 없었다. 세상의 모든 해결 방법이 나에게 있는 듯 강해야 했고 웃어야 했고 책임감이라는 것이 내 어깨를 아주 무겁게 짓누르고 있었다. 나는 소녀 가장이나 마찬가지였으니까. 집의 경제적 구멍을 막아내야 했으며 나는 모두 다 해결할 수 있어야 했다. 누구도 시킨 사람은 없었다. 가족 누구도 나에게 그 무게를 짊어지게 한 사람은 없었다. 많이여서도 아니었다. 그냥 난 가족이 힘들고 상처받는 게 싫었다. 내가 할 수 있다면 내가 대신 해주고 싶었을 뿐이었다. 그게 나의 기쁨이기도 행복이기도 했다. 그런데 그 비가 끝도 없이 내리니 난 폭삭 젖어 내 얼굴에 흐르는 것이 빗물인지, 땀인지, 눈물인지 알 수 없게 지쳐있었다. 긴 장마도 늘 끝이 있듯이 나에게 오는 비도 그쳐가고 있었다. 그건 내가 짐을 벗어 던지는 것이었다. 적당히 비를 피하고 젖은 옷을 개운하게 잘 말려진 옷으로 갈아입고 싶었다. 그렇게 하면 비를 피할 수 있을지도 모른다고 생각했던 어느 날, 난 비행기표를 끊었다. 돌파구가 필요했다. 도착한 곳은 조용하고도 아름다운 도시였다. 도착한 낯선 도시는 나에게 어느 정도 해방감과 편안함을 선물해 주었다. 선물이 마음에 들었다. 발바닥에 굳은살이 생길 만큼 걸어 다녔다. 무작정 떠난 덕에 여비도 넉넉지 않았지만, 미리 준비했더라도 여행 비용은 편도 비행기 삯 뿐인 건 다르지 않았다. 차비를 아끼기 위한 이유도 있었지만, 그 행복한 도시를 그냥 걷는 게 좋았다. 도시를 온종일 걷고 싶을 만큼 하늘은 예뻤고 나무는 싱싱하게 푸르고 처음 보

는 꽃은 보라색을 머금은 채 천지에 피어 평화로움을 한
껏 느끼게 해 주었다. 적당히 낯설고 적당한 편안함이
좋았다. 나에겐 어떠한 책임도 버거움도 무게가 깃털같
이 가벼웠다. 사람들은 어디든 담요를 펴서 앉아 있거나
누워있었다. 평일에도 가족들은 어디서든 여유로워 보
이는 시간을 보내고 있었다. 직장인들이 모여 있는 평일
의 시내 중심지의 점심시간조차도 주말의 평온한 분위
기와 아주 다르지 않았다. 샌드위치나 스시를 들고 아무
렇게나 계단에 앉아 점심으로 먹으며 음악을 듣고 노천
식당에서 햇살을 맞으며 천천히 점심을 먹고 있었다. 느
껴보지 못한 일상의 느린 템포가 즐거웠고 편안했다. 나
도 고풍스러운 도서관 앞 벤치에 앉아 아침에 대강 만들
어 나온 샌드위치를 꺼내 들었다. 이 도서관을 선택한
이유는 고풍스러운 외관과 내부의 책상들 때문이었다.
해리포터가 다니던 호그와트의 식당과 비슷한 책상이
마음에 들어 책도 읽지 않으면서 몇 시간 앉아 있다가
배가 고파 도서관 공원 벤치로 나온 터였다. 하루, 이틀,
한 주가 지나가며 내 일상에 신선함이 익숙함으로 녹아
들고 있었다. 이 도시에 도착한 첫날 도서관 앞 벤치에

서 샌드위치를 먹던 것과 같이 일주일이 지난날에도 도서관 앞 벤치에서 샌드위치를 먹고 있었다. 2시간이 넘는 거리를 룰루랄라 하늘을 바라보며 느긋하게 걸어 도서관에 도착해 오전 내내 호그와트 책상에 앉아 책을 만져보다가 벤치에 나와 점심을 먹던 차였다. 내가 이렇게 평화로워도 되나? 반갑지 않은 손님이었다. 한국에서의 삶의 무게가 예고 없이 내 마음으로 찾아온 것이다. 불쑥 스친 불안감이었다. 책임감이며 무엇이며 다 벗어 던지고 편도 비행기표 한 장에 매달려 온 나의 탈출에 갑작스레 불안감이 스친 것이다. 왜지? 도착한 후 이곳에 사는 친구의 집에서 신세를 지고 있었다. 이제쯤 친구에게 미안한 마음이 들어서일까? 와서 이렇게 놀기만 해도 되는 걸까? 쉬고 노는 것도 난 못 하는 걸까? 정말 딱 일주일이 지나니 무언가도 안 하고 있는 것이 불안해졌다.

나가고 싶어

아르바이트를 구하기는 쉽지 않았다. 영어는 좀처럼 곁을 내어주지 않아 영어만으로 살아야 하는 여기에서 생활비를 벌 일을 구하는 것은 어려웠다. 돈을 벌어야 하는 책임감까지 다 내려놓고 떠나 온 이곳에서 결국 다시 나의 생계를 위한 삶의 수단을 찾아야 했다. 그래도 나만을 위한 벌이 정도이니 가벼웠다. 하늘을 바라보며 걷던 내 시선은 상가와 안내판의 구인 광고판을 향해 걷는 것으로 바뀌어 있었다. 찾으면 답이 보인다더니 우연히 그리스인이 운영하는 청소 전문 업체에서 스마트한 사람을 구한다는 광고를 보고 큰맘을 먹고 연락을 했다. 빠릿빠릿한 한국인은 당연코 스마트한 구직인 임이 확실하다는 것을 알고 있기 때문에. 일은 40층이 넘는 건

물의 두세 개의 층마다 설치된 사무실 휴게 공간의 커피 머신을 관리하는 일이었다. 구인 공고에 스마트한 사람이 필요하다 했었지만… 스마트한 직원이 해야 할 일은 사무용 작은 커피머신 6개를 3시간 동안 청소하면 되는 쉽고 간단한 일이었다. 손 빠른 우리나라 사람이면 3시간에 60개도 할 수 있을 것도 같았다. 커피머신이 있는 공간들은 나름 좋은 회사 직원들의 휴게 공간이기에 쾌적하고 아주 고급스러웠다. 나름 행복한 일이었다. 통창으로 도시가 훤히 보이는, 말 그대로 뷰 맛집이었다. 새벽부터 새벽까지 일하며 빚을 갚던 나에게 이 일은 일이 아닌 휴식이었다. 2주에 한 번 받는 2주급은 내가 생활하고 공부하기에 넉넉하진 않았어도 약간의 부족함은 견딜 수 있는 만큼이었다. 보통은 계약한 주 5일, 매일 3시간 이외의 시간이나 주말은 일이 없었다. 돈을 조금이라도 더 벌기 위해 더 하려 해도 정해진 시간이 지나면 득달같이 전화벨이 울렸다. 근무시간이 끝났으니 그만 마치고 퇴근하라고 했다. 참 이상한 곳이었다. 우리나라에선 퇴근 시간보다 더 일하는 것이 미덕이 아닌 당연한데. 그래서 당연히 퇴근 시간에 퇴근하는 것을 '칼 퇴근'이라며 불가능에 가까운 일인데 말이다. 그런데 그 전날은 퇴근하려는 나를 그리스인 오너가 따로 불러 특별한 부탁이라며 어렵게 말을 이었다. 요점은 주말에 우편함이 모여있는 공간의 청소를 부탁한다는 내용이었다. 난 흔쾌히 'OK!'라고 대답했다. 1시간 잠깐 청소하고 하루 페이를 받는 것은 반가운 일이었다.

약속한 주말 아침이 되어 청소 카트를 챙기기 위해 건물 지하의 사무실로 갔다. 아무도 없었다. 함께 수다 떨던 태국인 키키, 터키인 휘데, 한국인 인성이가 없는 사무실이 적막했다. 혼자가 어색하긴 했지만 한 시간은 너무나도 가벼운 시간이었기에 즐거운 마음으로 청소 카트를 밀고 우편함 오피스를 찾아갔다. 우편함 오피스는 한 평 반 정도의 아주 작은 공간이었다. 이렇게 작은 곳을 청소하는 데 1시간, 그리고 하루 일당이라니. 횡재였다. 우편함 오피스는 오피스라고 하기보다 작은 창고 공간이라고 하는 게 적당했다. 각 세대의 우편들이 전달되는 우편함들이 한쪽 벽면에 있고 나머지 세 면의 벽은 텅 비어있었다. 그리스인 오너는 걸레질보다는 먼지떨이를 이용한 청소를 권장하기에 그저 먼지떨이로 몇 번 우편함을 털고 훑어주면 되는 게 전부였다. 5분도 안 걸릴 것 같았다. 청소 카트가 들어가기에도 작은 공간이라 복도에 카트를 놓고 먼지떨이만 들고 우편함 오피스에 들어갔다. 잠깐이니 휴대폰도 일할 때 전달받는 무선기도 모두 카트에 두었다. 두꺼운 문이 무겁게 '쿵' 닫혔다. 나름 유명한 회사들의 우편물이 있는 곳이라 문이 이렇게 두껍게 만들었을까? 잠깐 생각이 머리를 스치고 먼지를 털기 시작했다. 금방 끝났고 몸을 돌려 문을 열었다. 문이 열리지 않았다. 두껍고 무거운 문이 열리지 않았다. 여러 번 문고리를 돌려댔다. 꿈쩍도 하지 않는다. '우리 할아버지는 말씀하셨지~' 어릴 적 보던 외화 '맥가이버'의 대사가 떠올랐다. 어떤 위험한 상황에도 맥가이버는 사건이 안 풀릴 때 '우리 할아버지는 말씀하셨지~'하면서 주변 사물을 이용한 기발한 아이디어와 과학으로 상황을 풀어가던 드라마의 유명한 대사와 음악이 떠올랐다. 나도 맥가이버가 될 수 있겠구먼. 왠지 재미있었다. 어떻게 하면 문을 열 수 있을까? 주변을 살폈다. 아무것도 없었다. 창문도 없었다. 문을 열기 위해 이용할 만한 그 어떤 것도, 사실 우편함과 편지들 몇 개뿐, 아무것도 없었다. 벽뿐이었다. 금방 끝날 청소라고 생각해서 복도에 두고 온 청소 카트가 생각났다. 그리고 거기에 올려놓은 온 휴대폰이 생각났다. 무선기는 오늘 이 건물에서 일하는 사람이 나뿐이니 의미 없는 물건이었다. 갑자기 진땀이 났다. 아… 오늘은 토요일. 일요일부터 이어진 긴 연휴였다. 그리스인 오너도 연휴를 위해 나에게 주말 일을 맡긴 것이었다. 내가 여기에 있다는 것을 아무도 모를 텐데. 다시 문고리를 세게 돌려댔다. 열리지 않았다. 다리에 힘이 풀린다. 맥가이버의 대사도 이제 들리지 않았다. 두려움이 밀려왔다. 얼마나 견딜 수 있을까.

문이 잠겼다

강의실의 비둘기가 머리를 다시 갸우뚱댄다. 난 복도에서 아무것도 하지 않은 채 비둘기를 안타깝게 보고 있다. 도와줄 수가 없었다. 아무리 비둘기가 싫어도 도와주고 싶은 상황이었지만 용기가 나지 않았다. 창밖으로 날려 주기 위해 내 손으로 비둘기를 꽉 움켜잡고 물컹한 새의 몸을 느끼며 열린 창문까지 들고 가서 날려 줄 자신이 차마 없었다. 막대기를 이용해 비둘기를 열린 창 쪽으로 몰까 생각도 해봤지만, 그것도 여의치 않았다. 그래서 난 그냥 가만히 비둘기가 스스로 고개를 돌려, 바로 머리 뒤에 열린 창문을 발견하고 날아나가길 바라고 있었다. 그때 복도 끝에 한 남자가 걸어오고 있었다. 모르는 분이었지만 반가웠다. 다짜고짜 손을 흔

들며 여기에 비둘기가 갇혀있다고 도와달라고 했다. 남
자도 그리 흔쾌한 표정은 아니었지만 기대하는 내 눈빛
에 어쩔 수 없이 강의실로 들어갔다. 손으로 몇 번 휘~
휘~ 젓더니 비둘기가 꼼짝도 안 하자 더 가까이 다가가
비둘기를 열린 창문 쪽으로 '툭' 쳤다. 비둘기는 휘청대
면서 사리가 조금 옆으로 옮거졌다. 그리고 고개를 돌렸
다. 비와 바람이 더 가까워졌음이 느껴졌는지 앉은 자리
에서 살짝 날개를 푸둣 대더니 푸드덕 날아올랐다. 금세
안정적으로 하늘을 날았다. 그리고 창 앞에서 크게 두세
바퀴를 원을 그리며 돌더니 멀리 날아올랐다. 나는 그
남자에게 감사하다고 인사를 건네며 이 강의실에서 비
둘기가 한 시간이 넘게 못 나가고 다친 것 같아 걱정했
는데 잘 날아가니 괜찮은 것 같다고 떠들어댔다. 남자는
네. 이런 일이 자주 있네요. 하며 별일 아니라며 미소를
지어주곤 복도를 따라갔다.

　　내가 멜버른의 작은 우편함 창고에 갇혔던 날, 나에
게도 갇힌 비둘기를 바라봐주고 응원해주는 나 같은 사
람이나 시선을 바꿀 수 있도록 조언을 '툭' 던져주는 손

짓이 있었으면 어땠을까. 나에겐 아무도 없었다. 완벽하게 나 혼자였다. 연휴가 이어지는 주말의 도시는 생각 이상으로 한적했다. 우리처럼 1박 2일, 2박 3일 정도의 휴가가 아니기 때문이다. 여기는 짧게는 일주일. 보통은 15일에서 한 달 정도의 휴가를 갖는다. 그래서 더 무서웠다. 이제는 맥가이버의 음악과 대사 대신 15일 후나 한달 뒤에 휴가를 마친 사람들이 우편 온 것들을 정리 한번 할까 할 때쯤에서나 내가 갇혀 있었다는 걸 발견하게 될 것 같았다. 아니 확실했다. 물도 없으니 난 얼마나 버틸 수 있을까? 3일? 일주일? 창이 없는 사방이 벽이라 해가 뜨고 지는 것도 모르고 날짜도 계산할 수 없겠지? 문을 꽝꽝 두드려도 소용이 없을 거야. 들어올 때 '쿵'하고 닫힌 안전을 위해 두껍고 무겁게 제작한 특수 문은 밖으로 소리도 울림도 전해주지 못 할 거야. 어쩌지. 두려웠다. 철컥철컥. 문고리를 돌려봤다. 이쪽저쪽으로 문고리를 세게도 약하게도 돌려보았다. 열리지 않았다. 문고리를 두 손으로 붙잡고 그 자리에 주저앉았다. 다리에 힘이 풀린다는 게 이런 거구나. 내 안에 남아있는 모든 긍정의 힘을 모아 맥가이버 음악을 머리에 떠올렸다. 그리고 일어나 문을 다시 돌려보고 쾅 쾅 쾅 두드려댔다. 울림은 이 공간으로만 전해지는 것 같았다. 아무래도 방법이 없어 보였다. 점점 더 불안은 공포로 다가왔다. 내가 이렇게 여기서 아무도 모르게 언제 발견될지도 모르게 죽어가는구나… 엄마의 얼굴이 떠올랐다. 정말 순식간에 영화처럼 나의 지난 삶의 장면들과 기분들이 스쳐 가고 죽어갈 내 모습이 그려졌다. 그렇게 한 편의 영화를 보듯 내 삶이 지나가고 죽음까지 엿보니 이상하게 마음이 조금은 가벼워지고 두려움이 잠시 잊혔다. 그리고 다시 한번 문고리를 잡고 일어났다. 다시 한번 문을 열어 봤다. 열리지 않는다. 그래. 열리지 않네. 체념하니 오히려 마음이 편해졌다. 걱정할 엄마만 염려되었다. 문고리를 세차게 흔들어댔던 두 손을 내리고 몸을 돌려 문에 기대고 쭉 미끄러지듯 바닥에 앉았다. 그리고 눈물이 흐르는 눈의 시선을 천장으로 향했다.

고개를 돌려

한쪽 문이 닫히며 새로운 문이 열린다고 말이 있다. 그저 용기를 주는 비유인 줄 알았는데, 세상에 진짜로 문이 현실에 나타났다. 그것도 내 눈앞에! 또 다른 문고리였다. 확실한 문고리다. 천장에서 벽을 타고 시선이 내려앉으면서 발견한 것은 모양이 다르지만, 문고리가 틀림없었다. 그럼 저건 문이다. 조심스레 일어나 문고리를 돌려본다. '철컥' 문이 열리는 경쾌한 소리를 내며 문이 열렸다. 문 앞에 청소 카트가 그대로 나를 기다리고 있다. 그 안에 휴대전화도 그대로다. 휴대전화엔 부재중 통화도, 부재중 메시지도 없이 그대로였다. 10분. 내가 청소하러 들어간 지 10분이 지나있었다. 겨우 10분이었다. 문이 다시 닫힐까 봐 겁이 나 청소 카트로 문을 연

상태로 고정하고 다시 우편함 오피스로 들어섰다. 다시 죽음의 공간으로 들어가는 기분으로 발걸음이 떨어지질 않았다. 들어간 후, 문이 청소 카트로 잘 고정되어 열려있는 것을 다시 한번 확인하고 공간을 다시 살펴봤다. 왜 내가 이렇게 바보 같은 짓을 한 건지 알고 싶었다. 기억을 더듬어 문 앞에 있던 순간으로 돌아가 본다. 나는 먼지떨이만 들고 가볍게 문을 열고 우편함 오피스에 들어갔다. 무겁게 '쿵' 닫히는 문소리에 놀라 닫힌 문을 한번 뒤돌아보았다. 문이 닫힌 걸 보고 다시 돌아서 왼편에 있는 우편함의 먼지를 청소했다. 청소가 끝나고 다시 몸을 왼쪽으로 돌려 문을 열고 나오면 이런 사단은 나지 않았을 것이었다. 그런데 난 들어가 왼편 벽의 우편함을 청소하고 오른쪽으로 몸을 돌렸던 거다. '왼좌 오른우'를 되뇌어야 좌측, 우측을 아는 방향치가 사달을 낸 거다. 그런데 우연히도 오른쪽에도 문이 있었던 거다. 열리지 않도록 닫힌 문. 그 문의 문고리를 붙들고 난 내 생애를 영화로 보고 정리하고 죽음을 준비하며 나의 생의 마지막을 받아들이고 있던 것이다. 맥가이버의 특별한 방법도 과학적인 방법도 필요 없었다. 그냥 문이 열리지 않으면 시선을 돌려 다른 문을 찾아보면 됐다. 바로 고개를 돌리면 되는 것이었다. 무겁게 '쿵' 닫힌 문소리에 놀라지 않고, 혼자라는 것도, 여기에 내가 있다는 것을 아무도 모른다는 것도 생각하지 않고 그저 고개만 돌리면 되는 일이었다.

비가 많이도 내리는 날들이 시간이 있다. 소나기일 수도 있고 지리한 장마일 수도 있다. 나처럼 맑은 하늘에 갑자기 퍼붓듯 내리는 스콜일 수도 있다. 놀라지 말길 바란다. 비둘기처럼 난간에 잠시 앉아 기다려보는 것도 괜찮고 나처럼 울어버리며 나의 인생의 영화를 한 번쯤 봐도 좋다. 하지만 꼭 해주고 싶은 말은 고개를 돌리면 문은 어디에나 있다는 것이다. 모든 것이 두려워지고 아무것도 할 수 없다 느껴지는 순간에도 시선을 돌리면 바로 옆에 문이 있을 수 있다. 아니면 이미 열린 문이 그쪽을 보길 기다리고 있을지도 모른다. 고개를 돌아보라.

에필로그

멜버른에서 점심을 먹던 도서관 앞 벤치, 그 앞은 잔디가 깔려있고 비둘기들이 늘 많았다. 그 비둘기들에게 사람들은 남은 간식을 주기도 하고 곁을 내어주기도 했다. 따뜻했다. 사람들도 비둘기를 싫어하지 않고 비둘기들도 다친 상처가 없었다. 서로 같이 살고 있었다.

사서임

인천 출신 사서(Librarian).

그리고 인천 앞바다가 멀리 내다보이는 교회의 집사.

검객(劍客)을 좋아하며 무협소설로 사랑을 배웠다.

글을 읽고, 쓰며 스스로의 마음을 보듬어왔다.

인스타그램 @writer_saseoim / 이메일 saseoim@naver.com

대학생이 된 N연차
사서의 비밀 노트

프롤로그

"일하면서 공부하는 게 가능해? 왜 그렇게까지 살아? 너무 무리하는 거 아니야?"

그동안 내가 사람들에게 숱하게 들어 온 질문들이다. 그들은 나의 일상을 물었고, 나는 그대로 대답한 것인데. 그들 눈에 비친 나는 인생을 즐기지 못하는 영혼 없는 좀비 같았을까?

근로 계약 기간 1년의 대학도서관 사서 직원. 사이버대학교 졸업을 앞두고 복수전공을 도전하는 대학생. 퇴근 후 영상편집을 배우는 학원수강생. 이 세 가지 역할로 올 여름이 바빴고, 가을도 분주한 와중이고, 겨울도 정신없을 예정이다. 나는 시간이 남아도는 사람이 아니다. 돈이 남아도는 부자는 더더욱 아니다. 최저임금이

오르지 않으면 급여가 오를 일이 없는 비정규직 사서일 뿐이다. 사이버대학교의 수업료마저 큰 부담이 된다. 정규 4년제 사립 대학교 보다 훨씬 저렴한 수업료이지만 최대한 긴 무이자할부 카드결제로 간신히 감당 중이다.

이 모든 것은 후회에서 시작되었다. 당시에는 최선이라고 선택한 결정이었다. 그 선택이 최선이 아닐지도 모른다는 불안감이 나를 에워쌌다. 수영도 못하는데 세상의 파도를 마주했다. 칠흑 같은 물속으로 가라앉지 않기 위해 살려는 몸부림이었다. 사랑에 전부를 다 받쳐서 꿈 하나를 잃었다는 미련도 있었다. 은퇴할 때까지 제대로 된 정규직이 되지 못할 것 같다는 걱정도 있었다. 여러 가지 감정을 조금이라도 해소하고 싶었다.

청소년 시절 불행했던 사건, 사고의 기억에 한없이 나약해졌다. 한없이 바닥으로 추락한 내 자신을 감추고 싶었다. 남들이 내 결점을 못 보게 가려줄 포장지가 필요했다. 33살 인생의 절반 이상이 삶과 죽음의 경계선이었다. 도서관에는 착실한 사서로, 교회에서는 누구에게나 친절한 교회 언니, 누나였고 청년으로 살았다. 내면의 난 위태롭게 외줄타기를 하고 있었다. 허튼 잡념이 나를 잠식하는 틈이 없도록 수업도 꽉 채워서 수강신청을 해야 했다. 그렇게 하루를 또 살아내야 했다.

또 한 번의 끝

　사직서를 제출했다. 계약만료로 퇴사처리 되는 것
인데 왜 사직서를 제출해야 하는 것인지 모르겠다. 두
번째 대학도서관, 인수인계의 마지막 날이 밝았다. 이제
당분간 출근할 일이 없다고 생각하니 시원하면서도 한
편으로는 섭섭했다. 최저임금에 자격증 수당은커녕 식
비, 교통비도 못 받는 자리였다. 기쁨과 고민을 나눠줄
계약직 동료들이 있어서 계약기간 1년을 끝까지 버텨냈
다. 국립대 경력 채용 자격이 보통 대학도서관 경력 3년
이니 이로써 남은 1년이 채워졌다. 그거면 되었다.

　몇 달 전까지만 해도 2호선으로 갈아타고 당산역에
서 합정역 구간을 지날 때면 지하철 창밖 풍경에서 눈을
떼지 못했다. 한강 물결 위로 햇빛이 살랑였고, 가을 하

늘은 높았고, 맑았고, 깨끗했다. 한강변 양쪽 도로에는 출근하는 차들이 바삐 움직였다.

여의도, 63빌딩보다도 내 눈길을 사로잡는 랜드 마크는 국회였다. 바로 국회도서관이 있는 곳. 내가 사서여서 그런지 참새가 방앗간 못 지나치듯이 나도 도서관이 보이면 일단 눈길이 갔다. 그랬던 내가 지하철 구석진 곳에 서서 한강이 보이든 말든 유선 이어폰을 귀에 꽂고 마음에 꽂힌 OST를 들으며 초점 없이 허공을 응시했다. 몇 달 동안 마스크 속에서 얼마나 많은 한숨을 내쉬며 출근했는지 모른다.

후임 사서는 이제 막 도서관 1년 경력을 채워가는 병아리 사서였다. 멀쩡히 타 대학도서관 사서로 커리어를 쌓다가 이곳 채용공고를 보고 1년의 계약만료를 며칠 앞두고 중도 퇴사를 했다던가. 이곳은 퇴직금도 구직급여도 포기하고 올 메리트 있는 곳은 아닌데. 규모도 크고 직원마다 고유의 업무를 전담하는 게 꽤나 부담스러운 모양이었다. 안쓰러운 마음에 모르면 언제든 연락하라고 개인 연락처를 알려줬다. 인수인계를 마치고 정든 사무실을 떠났다. 도서관을 나서는데 이제야 도서관이 멋지고 아름다워 보였다. 이 독수리 조각상을 다시 볼 날이 있을까? 학생식당 파스타가 저렴하고 맛있었는데. 아! 그리고 소설가 김영하 작가님의 도서 기증 문의 전화를 내가 받았다. 누가 들어도 김영하 작가님의 목소리가 맞는 거 같은데. 설마 그 유명한 김영하 작가님이겠어? 동명이인의 소설가일 거야. 내 귀를 의심했는데 며칠 후 나는 내 눈을 의심했다. 양손에 책 꾸러미를 들고 눈앞에 나타난 신장 크고 안경을 쓴 남자. 명백한 베스트셀러 소설가 김영하 작가님이었다. 놀라지 않은 척, 당황하지 않은 척 유명하신 기증자님을 인사로 맞이했다. 내 담당 업무니 놀라도 일은 해야 했다. 자료기증동의서를 내밀자 작가님은 망설임 없는 펜 놀림을 보여주셨다.

대학교 정문이 보였다. 1년 사이 정든 직장과 이제 정말 안녕이었다. 학교 정문을 나서며 평일의 모든 아침 알람을 해제했다. 전철역까지 곱게 뻗은 이 길이 이렇게도 짧았던가? 정든 길을 눈에 오래도록 남겨 놓고 싶었다. 괜히 걸음의 속도를 조금 늦추고 옆길로 빙 돌아서 갔다.

계약만료 통보서는 이미 며칠 전에 받았다. 퇴직금과 몇 달간의 구직급여를 받는 동안 나는 다른 직장에 취업해야만 한다. 그곳이 도서관이든 아니든 어딘가에는 둥지를 마련해야 한다. 정규직이 아니더라도 계좌 잔액이 0원으로 수렴하기 전에 새로운 월급을 받아 채워 넣어야만 했다. 그래도 오랜만의 긴 휴가니까 며칠만은 아무 고민 없이 지내고 싶었다. 눈부신 햇볕이 내리쬔 것도 아닌데 난 무엇 때문에 이른 아침부터 잠에서 깬 것일까. 목이 마른 것도 아니고 화장실이 급한 것도 아닌데 무엇 때문에. 무소음도 저소음도 아닌 벽시계는 조용했다. 초침 돌아가는 소리마저 나지 않았다. 에너지원이 소진되어 멈춘 시계가 마치 내 모습과도 같았다. 습관적으로 익숙해진 바이오리듬 탓에 깨어 괜히 뒤척이다가 잠에 못 들고 일어나 앉아 노트북을 켰다. 윈도우에 로그인 하자마자 보이는 사서 취업 커뮤니티 카페. 저번에 이걸 보다가 노트북을 덮었나보다. 열려있는 김에 취업 정보부터 살펴보았다. 여기는 토익 점수가 없어서 안 되고, 여기는 정보처리기사 같은 전산 자격증 가산점에서 밀려서 안 되고, 여기는 전 직장이라서 패스. 몇 개 되지 않는 채용 공고에 안 되는 이유는 각양각색이었다.

딱 하나 지원 자격이 충족되는 공고를 찾았다. 연습 삼아서라도 한 번 작성해볼까 싶어서 지원 서식을 열어 보았다. 이력서와 자기소개서와 직무수행계획서 서식 들이 내 눈앞에 펼쳐졌다. 이력서야 객관적인 항목이니 채울 수야 있지만 직무수행계획서가 일단 문제였다. 해 본 업무 영역이야 어떻게든 적어보겠지만 해보지도 않 은 업무 영역은 어떻게 적으라는 것인지. 10년도 더 된 전공서적을 펼쳐도 도움이 될 거 같지 않았다. 자기소 개서는 타 재단, 공단의 항목을 베껴온 듯이 항목이 닮 아있었다. 역량을 발휘한 경험? 특별한 재능이나 능력? 역경을 극복한 경험? 논리적인 글쓰기 빼고는 어떻게든 분량 정도는 채울 수 있다고 가진 자신감은 교만이고 자 만이었다. 한 문단은커녕 한 문장도 쓸 수가 없었다.

'1분 동안 자신을 소개해주세요.' 물음을 한참을 보 고 또 봐도 손가락은 움직일 생각을 하지 않았다. 나를 재촉하듯 커서만 깜빡깜빡 움직였다. 나는 누구지? 잘 하는 게 있기나 할까? 재주가 있었으면 몇 년 째 최저임 금 인생을 살지 않았겠지. 무쓸모(無쓸모)라는 말이 꼭 나를 지칭하는 것 같았다. 열악한 근무조건도 감수하면서도 도서관 언저리를 맴도는 가장 큰 이유는 하나의 약속을 지키기 위해서였다.

Destiny, 첫사랑

초등학교 때, 도서관 사서를 동경했다. 수업을 마치면 피아노 학원 수업까지 붕 뜬 시간에 나는 여기 저기 참 많이 다녔다. 혼자 불쑥 도서관 아동자료실에 가서 한국 위인전을 읽었다. 소장하고 있는 세종대왕 위인전을 섭렵한 후 동네 서점의 세종대왕 위인전까지 싹 읽어버렸다. 책과 피아노가 없었다면 초등학교 시절은 초콜릿 없는 홈런볼, 문어빠진 타코야끼처럼 이 맛도 저 맛도 아니었을 것 같다. 공식적인 내 꿈은 교회반주자, 피아니스트였지만 동경의 대상은 도서관 사서였다. 초등 고학년이 된 후로는 일반자료실 출입이 잦았다. 이월하 작가의 대하역사소설 제왕삼부곡 시리즈의 첫 번째 《강희대제》를 읽기 위해서였다. 아동자료실과는 차원이 다른 느낌의 일반자료실. 책꽂이에 빼곡하게 꽂혀 있는 책을 어떻게 다 주제나 형식별로 구분하여 배치할 수 있는 것일까? 사서는 모든 분야의 학문 주제의 기본 정의 정도는 다 아는 사람들이겠지? 매번 상상했다. 사서 선생님의 업무 모습을 보고 사서가 멋지다고 생각했다. 그러나 나는 세상의 모든 주제를 감당할 재간이 없었다. 아무도 모르게 비공식적으로 사서를 동경하는 마음만을 품었다.

중국소설 책꽂이 앞에서 쓰윽 책등의 제목들을 훑어보았다. 내 눈이 멈춘 곳에는 반가운 제목의 책이 꽂혀있었다. 《소설 포청천》 표지에 실린 인물 사진부터가 친근했다. 유치원도 다니기 전에 브라운관 TV로 본방 사수 했던 드라마 《판관 포청천》의 소설집을 전부 대출해서 읽고 다녔다. 메인 주인공 포 대인 못지않게 시선을 강탈한 남협 전조, 전 호위는 나를 강호, 무협의 세계로 이끌었다. 유년 시절의 이상형은 전 호위와 《강희대제》의 어전시위 위동정이었다. 둘 다 황제가 실력을 인정하고 총애하는 경호원인 셈인데 이 검객 사내들에 빠져 무협소설 연재 및 커뮤니티 '무협소설천국'에 가입했다. 청소년 회원들과 버디버디 메신저 아이디도 공유하고, 채팅방에서 수다도 떨었다. 2살의 연상의 K 회원님과 대화를 자주 했다. 그는 책을 좋아했다. 말도 청산유수가 따로 없었다. 시(詩)를 잘 쓰는 남자였다. 시제를 제시하면 즉흥 자작시를 지어줬다. 애어른인 나와 대화의 수준이 비슷해서 그런지 그와의 대화가 좋았다. 학원 일정으로 채팅방에 들어갈 수 없는 시간이면 그가 뭐하고 있을까 혼자만의 상상의 나래를 펼치기도 했다.

그 시절의 나는 공식적인 꿈을 이루기 위해 피아노 레슨을 받고 있었다. 전국 콩쿠르에서 금상도 두 번 탔었나? 콩쿠르 준비로 하루 10시간을 피아노를 연습해도 질리는 법이 없었다. 대학교에 피아노 전공으로 입학하려면 돈이 많이 들어간다. 입학해도 예체능이라 또 돈이 많이 나간다는 현실을 아는 나이였다. 학자금 대출로 아빠의 어깨를 짓누르게 만들기 싫기도 했고. 그리고 난 음악 영재는 아니었다. 예술의 전당과 세종문화회관 무대에 오를만한 소름끼치는 재능은 없었다. 이렇듯 냉철하게 자기객관화로 현실을 돌아보고 겸사겸사 6년 반 동안의 낙이었던 피아노 레슨을 과감히 포기했다. 물론 그 내면에는 그와의 채팅 시간을 늘리고 싶다는 순수하지 못한 마음도 있었다.

그해 연말 정기모임에서 그를 직접 마주하게 됐다. 랜선 대화를 많이 나눠서 이미 내적 친밀감이 생긴 상태였다. 감성 가득한 시를 쓸 줄 아는 그에게 나는 푹 빠져 있었다. 나는 그날 이후로 더 그에게 스며들었다. 그가 다른 언니들과 웃으며 대화 나누는 걸 보면 조금 서운했다. 아니, 많이 서운했다. 그에게 말하지만 못했지만 그에게 나만 누이였으면 좋겠고 나만의 오라버니였음 했다. 다음해 내 생일 하루를 앞둔 날, 그는 날 보러 인천에 와주었다. 공원의 벤치에서 그는 나를 좋아한다고 말했다. 심장이 너무 두근두근 해서 그에게 들릴까 조마조마했다. 어느 생일선물보다 값졌던 선물이었고 고백이었다. 15살 소녀와 17살의 소년은 그렇게 서로의 첫사랑이 되었다. 고등학생인 그는 학교도서관에서 최우수 다독자로 선정되었으며, 도서부 동아리 부장으로 임명됐다. 그는 도서부 활동을 하며 사서교사의 꿈을 가졌다. 연인은 일심동체니까 그럼 나도 동경만 하고 감히 품지 못했던 사서의 꿈을 품어보면 어떨까 조심스럽게 고민을 시작했다. 비밀 연애는 들켜버렸고, 부모님의 반대와 통제에 연애는 순탄치 않았다. 나는 갈수록 예민해졌고, 더 소심해졌다. 그가 사서교사의 꿈을 접고 래퍼가 되고 싶다고 한 이후로 더 그랬다. 그에게는 친한 여자 사람들이 많았다. 그 예쁜 여자들이랑 어울리다보면 누가 봐도 공부만 하게 생긴 고리타분한 나를 거들떠보기나 할까? 나 같은 사람을 만나주기나 할지. 불안했다. 사소한 오해가 쌓여 말에 날이 바짝 선 대화 끝에 그와 헤어지게 됐다. 잃어버리고서야 내 안에 자리 잡은 그의 존재가 여전히 크다는 걸 깨달았다. 그는 청소년기 방황하던 나를 지탱시켜줬던 유일한 사람이었으니까.

사고를 당했다. 지역신문 사회면 작은 한 꼭지 정도는 장식할 만한 사건이었다. 달력에서 영원히 소멸시키고 싶은 날이자 내 마음이 죽음의 앞까지 갔다가 유턴한 날이었다. 15세, 세상을 알기에는 턱없이 부족한 나이였다. 오후에 데이트 약속이 있던 여름날의 토요일, 그날 설렘의 발걸음으로 일찍 집에서 나섰다. 돋보기안경을 두고 왔다면서 내비게이션에 주소 좀 대신 찍어달라는 중년 남자를 만나기 전까지는 말이다. 오십은 족히 넘어 보이는 남자의 부탁에 내비게이션에 팔을 뻗었던 게 잘못이었다. 사회를 악의보다 선의로 바라 본 내 부주의였다. 무언가 잘못되었다고 머리에서 인지했을 때는 이미 늦었다. 모르는 동네, 언덕인지 야산인지 모를 곳에 차는 멈춰 섰다. 귀신이 나오는 공포영화 보다 무서웠다. '죽으면 어떡하지?'라는 거정에서 '차라리 죽었으면'이라고 생각이 바뀌는 건 한순간이었다. 나의 종교적 신념이 남자의 완력을 못 이겨 산산이 깨져 흩어졌다. 성교육 시간에 낯선 남자 조심하라는 게 이런 거였나. 어떻게 그 자동차에서 벗어났는지는 기억이 나지 않는다. 얼마간 정신을 놓아버렸던 것 같다. 범죄를 부정하고 싶었던 가해자의 심리였을까? 정신을 차린 내 주위에는 만 원 몇 장이 나뒹굴었다. 무협소설과 사극에서나 나오던 화대(花代) 같아서 비참했다. 휴대전화도 없던 나이였고 겨우 서울에서의 데이트만 다녀올 수 있는 선불식 충전 교통카드가 전부였다. 주위에 공중전화도 없었고 어딘지도 모를 낯선 동네의 외곽에서 벗어나기 위해 그 몇 만원을 움켜쥐고 택시를 탔다. 택시기사에게 가까운 전철역에서 세워달라고 했다. 택시비로 만 원 한

장을 지출했다. 후에 그 만원을 채워서 연말 구세군 냄비에 그 돈을 죄다 넣어버렸다.

전철역에서 약속 장소로 이동하며 제 정신이 돌아왔다. 더 큰 공포가 시작됐다. 내게는 경찰 앞에서 진술할 용기가 전혀 없었다. 내일의 내가 살아있을지 죽었을지도 모르는데. 경찰에 신고를 하면 학교에 협조공문이 가겠지? 데이트 가는 길이었다고 하면 그에게도 참고인 조사 같은 걸 하지는 않을까? 그동안의 뉴스에서 이런 종류의 사건이 처리되는 걸 봤다. 법이 보완이 안돼서 형량은 미미했다. 가해자를 잡아내지 못할 거라면, 잡는다 한들 처벌이 약하다면 마음에 묻어버리는 게 최선이다. 내 안에서 교통정리를 마쳤다. 난 어린이가 아니고 혼자서도 잘 해온 중학생이니까.

데이트 시간이 점점 다가왔다. 나의 연인 그의 얼굴만이 떠올랐다. 바로 며칠 전에 교회 학교에서 간음을 경계하라고 배웠다. 누구하나 쳐다보지도 않는데 큰 죄인인양 고개를 못 들었다. 아니, 이미 죄인이었다. 모태신앙으로 유아세례 받고 교회학교에서 성장하는 다음세대의 주역인데. 방심으로 음행의 순간을 못 막았다. 아무도 내 죄다 여기지 않을 테지만. 어린 마음에 내 스스로의 감옥에 날 가두었다. 아무 일도 없는 척 연기하며 종로 일대에서 그를 만났다. 그도 용돈이 넉넉지 않았을 텐데 일본식 라멘을 사줬다. 국물을 몇 술 떠서 목에 넘겼지만 면까지는 무리였다. 그는 식사를 제대로 못하는 나를 걱정스런 눈빛으로 비라봤다. 그의 노래를 듣고 싶다며 노래방으로 자리를 옮겼다. 그는 나만을 위한 노래를 불러주었다. 달달하고 사랑스런 노랫말인데 이날따라 너무 슬펐다. 그는 평소와 다른 분위기를 감지했는지 걱정스런 눈빛과 함께 무슨 일 있냐고 물었다. 몇 번이나 운을 떼려했지만 말이 나오지 않았다. 물을 한 모금 삼키고서야 그에게 말할 수 있었다. 사람의 목소리가 이렇게 떨릴 수 있구나 처음 알았다. 이날 집에서 나온 시간부터 어떤 상황이 벌어졌는지 그에게 이실직고 했다. 그에게 기대고 싶고 의지하고 싶어서는 아니었다. 다만 숨기지 않고 진실을 말하는 것이 내가 생각하는 연인으로서의 예의였다. 불미스러운 일이 있었다. 불결해져서 이 자리에서 나를 버린대도 이해할 거라고. 올라오는 울음을 억누르느라 호흡은 불안정했지만 생각보다 담담하게 말해낸 자신이 기특했다.

상상치도 못한 전개에 그는 놀라 말을 잃었다. 얼굴을 감싸 쥐고 눈물을 흘렸다. 그의 눈물을 보고서야 몇 시간동안 꾹꾹 눌러온 내 울음이 터졌다. 그를 고통스럽게 만든 내가 미웠다. 그는 나를 품에 안고는 한참 어깨를 들썩 거렸다. 침묵의 시간이 꽤 흘렀다. 내가 널 어떻게 버리냐고. 또 그런 말 하면 오빠 정말 화낸다고. 지켜주지 못해서 미안하다고. 괜찮다고. 넌 누구보다 순수하고 깨끗하다고. 이날만큼은 나를 향한 이런 시련을 묵인한 하나님을 찾기보다는 연인에게 기대고 의지했다. 이제와 돌이켜 보면 그의 나이 17살은 저 보다 어린 연인의 고민의 무게를 짊어지기에는 어린 나이였다. 나에게 그를 미리 보내주신 이는 하나님이었다. 그는 하나님이 내게 보내준 선물과도 같은 사람이었다. 그의 고운 말은 잊어버리고 말다툼을 했다. 사서라는 꿈을 한순간에 지워버리지도 못했다. 그가 그때의 나를 버리지 못했듯이 나도 그를 놓을 수 없었다. 과거의 연인을 마음에서 지우지 못했다. 내가 헤어지자고 해놓고 4년 가까이 그를 짝사랑했다. 비록 평생 그의 여자로만 살겠다는 약속은 못 지켰지만 사서의 꿈을 이뤄서 그의 몫까지 살아보겠노라고. 그는 사서교사의 꿈을 이미 버렸지만, 무한한 사랑은 못 주더라도 사서라는 직업으로 그를 기억하고 추억하겠노라고. 그를 향한 붙이지 못한 편지의 약속을 저버릴 수 없었다. 싸이월드 비밀 다이어리에 적어두고 오랜 시간 나만의 비밀로 긴직했디.

드라마, 내가 꿈꿔도 될까?

김은숙 작가의 명품 극본이 빛났던 tvn 드라마 《도깨비》에서 도서관은 김고은(지은탁)이 공유(도깨비 김신)를 소환한 곳이었다. 도깨비에게 도깨비 신부라는 사실을 밝힌 곳이다. 도깨비를 따라 들어간 문은 은탁을 캐나다의 세계로 안내했다. 은탁의 영혼 친구(은탁 엄마의 친구)가 보험금 통장을 보관한 곳이었다. 드라마 곳곳에 전개들이 발생한 공간이었다.

여주인공이 사서였던 MBC 드라마 《봄밤》에서 도서관은 한지민(이정인)의 직장으로 약국과 더불어 유지호(정해인)와의 썸의 공간이었고, 연애의 공간으로서 역할을 했다. 사실 썸남의 아들에게 책 선물 하고 싶다고 본인 담당도 아닌 등록 대기 도서를 빼가는 일은 현장 사서 입장에서는 용인이 안 되는 일이다. 그 에피소드로 여주인공의 다정함을 남자주인공이 느끼고 로맨틱으로 연결될 소지를 주었지만 그 동일 도서를 품절로 새로 구입 못할 수도 있는 만약의 상황을 가정해봐야 한다. 도서관의 예산으로 구입한 도서의 실종은 가벼운 일이 아니다. 신간도서의 별책부록 하나만 사라져도 무기계약 사서의 호출을 받았던 기억을 떠올리면 지금도 아찔하다.

내게 도서관은 드라마 속 공간이 아닌 현실의 일터였다. 일반 사기업처럼 수익을 내고 영업에 성공해해 계약을 따내야 실적으로 인정받는 치열함은 약할지라도 이용률 평균 대출권수 등의 서비스 제공 실적을 유치해야 하는 곳이었다. 예산 배정은 인색해서 이용자들이 원하는 책과 행사를 양껏 준비할 수도 없는데 상위 기관에 이용 실적 보고해야하니 도서관 활성화는 시키라는 지시는 떨어진다. 1년 365일 두통이 가신 날이 없었다. 직접 도서관 장서로 선택해 구입한 책들이 대출이 나가고, 예약 횟수가 늘어나고 여러 이용자들이 잘 보면 괜히 뿌듯했다. 책을 반납하며 이런 책 또 구입해달라고 이 작가의 다른 책 뭐가 있냐고 물어오면 내가 괜히 N년차 사서가 아님을 느꼈다. 동경으로 시작해 첫사랑으로 인해 이루어낸 이 사서의 직업은 내 적성과는 맞춤이었다. 어느 종류의 도서관에서라도 사서로서의 역할을 잘 해냈다. 똑같은 계약직 신세였지만 공공도서관에서 중 고등학교로 이직을 한 이유는 단 하나였다. 주일에 필수 근무가 없다는 것. 사람에 기대하고 의지했다가 실망하고 상처 받은 내 자신을 회복시킬 힘은 내게는 없었다. 내 영혼의 안식처이자 위로를 받을 수 있었던 예배의 자리로 돌아가고 싶었다. 하나님께서도 내 의지를 가상히 여겼는지 퇴직금도 못 받는 10개월 계약이 지나고 무기계약 기회를 주셨다. 법적으로는 정년까지 근무하는 정규직, 처우로는 계약직. 반쪽짜리 정규직이라고 '중규직'이라고 불리기도 했다.

수리 맡긴 액자의 유리가 깨진 것을 사서의 잘못이라고 탓하던 교사. 집에 있는 게 불편하다며 방학 때도 굳이 도서관에 나와서 쿨쿨 자던 교사. 학생들을 성적의 높고 낮음으로 판단하는 교사. 사서를 대출 반납만 하니 좋겠다고 직업을 낮잡아보던 교사. 일부의 비뚤어진 시선들이 작은 생채기를 하나씩 만들어냈다. 사서의 직업병 디스크 진단을 받고 의사 선생님 말대로 금방 치료 일정을 잡으려니 당장 죽을병도 아닌데 왜 학기 중에 3일 씩이나 병가를 내려 하느냐고 권유와 제안으로 포장한 압박의 멘트를 던져준 관리자 선생님들. 방학에 연차 계획 5일 잡았다고 큰일 날 듯이 메시지를 보내온 게 바로 열흘 전이었다. 인천의 교육감소속근로자 가운데 사서는 상시 근무자로, 학기와 방학이 따로 없다. 병가로 공백이 생긴다면 단기로 대체 근무자를 채용하여 그 공백을 메꾸면 된다. 노조와의 단체협약에도 언급 되어 있는데, 예산이 없단다. 행정 실장님의 보태기까지 더해져 스드레스를 지수 는 높아져만 갔다.

혼자 학교도서관의 데스크를 지키고 있는데 갑자기 가슴이 답답하고 숨을 쉬기도 힘들었다. 과호흡 증후군이었다. 신체적인 아픔보다도 정신적인 아픔이 더 컸다. 다음 전보까지 기다리고 버티기에는 내면의 감정들이 힘겨웠다. 이 공간에서 일하는 즐거움도 보람도 더 이상 찾지 못했다. '사서 고생하는 게 사서'라지만 이건 직업의식, 사명과는 다른 문제였다. 도서관에 애정이 있고,

도서관의 이용자에 관심을 갖는 것도 걱정 없이 즐겁게 일할 수 있는 환경이 뒷받침 되어야 하는데 그 환경이 흔들려버렸다.

아빠의 정년퇴직을 앞둔 터라 직장건강보험이라도 유지하고자 불합리한 순간도 참아내며 여기까지 왔지만 더 이상은 버틸 힘마저 없었다. 나는 몸과 마음을 살리기 위해 질병을 사유로 사직서를 제출했다. 퇴직금이야 금방 소진 될 거고, 모아둔 돈도 없는데. 이직이 약속되지 않은 퇴사는 조심하라고 나의 이성은 경고했다. 미래에 대한 확신이 없어 불안한 마음 옆에 또 다른 시작을 할 수 있다는 설렘의 감정이 공존했다. 나도 드라마의 주인공처럼 시련과 고난을 이겨내고 나면 기분 좋은 해피엔딩이 기다리고 있을까? 드라마, 내가 꿈꿔도 될까? 교회 친구 결혼식에 축가 대열에 합류하게 됐다. 한때는 모차르트 소나타, 쇼팽 왈츠도 외워서 치던 내 손가락이었는데. 네 마디에 한 번씩은 꼭 틀린 음을 누르게 됐다. 덕분에 피아노 앞에 장시간 앉아있게 되었다. 오래 전 들은 교회 오빠의 말이 떠올랐다. 교회 오빠는 전공자인 다른 자매를 놔두고 나에게 청년부 찬양팀 피아노를 담당해달라고 부탁했다. 너의 찬양 반주를 듣고 있으면 마음이 따뜻해진다고. 찬양 인도자로서 본인이 원하는 건 악기로 기교를 부릴 수 있는 사람이 아니라고. 찬양의 가사에 마음을 담아 전심을 다하고, 하나님 말씀으로 굳건히 선 사람이라고. 괜히 마음에 찔렸다. 나는 신앙으로 굳건한 사람이 아니었다. 엉망진창이 된 내면을 들키지 않으려고 고등부 때 성가대 찬양팀 학생회 역할을 충실히 했던 거였는데.

스무 살의 나에게 했던 교회 오빠의 말이 떠올라 자극을 받았다. 좀 더 음악을 더 배워서 그 섬김의 자리에 더 어울리는 사람이 되고 싶었다. 실용음악을 전공하게 되었나. 또 한 편으로는 음악학사 학위가 갖고 싶은 마음도 있었다. 사랑에 눈멀어 포기했던 음악대학 피아노과 대신 사이버대학교의 실용음악과라도 그 학생증을 얻고 싶었다. 졸업만 한다면 음악학사 학위만 취득한다면 잃어버린 꿈 하나를 되찾는 거라고 생각했다. 그렇게 SDU(서울디지털대학교) 실용음악학과의 대학생이 되었다. 일에 치여 살면서도 6과목 꽉꽉 채워서 신청했다. 그래야 내가 허튼 딴 생각을 하지 않을 테니까. 막상 새

학기가 시작되면 밀려드는 업무량에 과제를 못 내는 건 예사였다. 기말과제까지 못 내거나 기말 시험을 응시 못 해서 F가 수두룩하게 나오기도 했다. 주경야독 근로자의 졸업의 길은 멀고도 험난했다.

내 모습 이대로 사랑하기로 했다

퇴직금 수령을 앞두고 쉼의 단맛을 알아버렸다. 무슨 요일인지도 모르는 삶을 누렸다. N차 주행을 부르는 나의 선호 드라마들을 번갈아가며 정주행 했다. 침대에 편히 누운 채 태블릿 화면에 가득 찬 배우의 연기를 집중해서 보고 있는데, 휴대전화가 위잉 진동알림을 보냈다. 주인공에 몰입되어 슬픔이 차오르는 그 타이밍이었다. 블로그 댓글 알림이었다. 설마 했는데 역시였다. 또 블로그를 임대하고 싶다는 요청의 글이었다. 혹은 게시물을 하루에 2~4개를 올려주면 얼마 정도를 지급할 수 있다는 광고성 짙은 글이었다. 내 추억의 블로그를 상업적인 글로 오염시키기는 싫었다. 오랜만에 블로그를 살펴보고 싶어졌다. 나는 휴대전화를 내려놓고, 노트북을 컸다. 포털 사이트에 로그인을 하고서 블로그를 열었다. 오래전 설정해둔 블로그 템플릿이 익숙하고 반가웠다. 일부 글들을 빼고는 대부분 비공개로 전환해둔 상태였다.

블로그의 글들이 나를 단숨에 추억의 시간으로 끌어당겼다. 교내 문학상에 출품했다가 입상해서 교지에 실렸던 단편 소설부터 최애(最愛) 배우에게 헌정한 소설, 로망띠끄 자유연재로 완결 냈던 첫 로맨스 소설, 그리고 동화까지 장르 한 번 다양했다. 진득하게 하나의 글을 완성하기보다 스토리 라인을 상상해서 적었던 수많은 밤들. 글쓰기는 그저 일상을 연기하고 포장하던 나의 감정을 덜어내는 작은 숨구멍이었다. 내 과거사는 친한 친구들에게도 철저히 비밀이었다. 나의 차고 넘치는 아픔의 시간들을 나누기에는 친구들은 제 나이에 맞게 어렸고 발랄했고 순수했다. 그에게 전화도 할 수 없고 메신저도 보낼 수 없는 밤이 오면 라디오, MP3를 들으며 글을 쓰거나 글을 읽었다. 소프라노 조수미의 드라마 OST '나 가거든'을 테마곡처럼 들었다. 나는 왜 살고 있는지, 내 아픈 기억도 바래지면 웃어질지 정말 궁금했다. 나는 내 감정 표현에 인색한 아이였다. 내 감정을 끄집어내며 글이라는 걸 쓰게 된 것은 첫사랑에게 보내는 편지를 쓰면서였다. 그사람처럼 글을 잘 쓸 재주는 없지만 내 마음의 소리를 오롯이 그에게 전달하기 위해 편지지를 채워나갔다.

잠들기 무서웠다. 나쁜 꿈이 나를 사로 잡아버릴까 무서웠다. 무언가에 집중하다 쓰러지듯 필름 끊기듯이 숙면할 수 있는 최적의 피곤함을 만들어야 했다. 그래야 악몽의 빈도를 조금이라고 줄일 수 있었다. 내 서랍 속 1.44MB의 3.5 플로피 디스켓 속에도 어린 내가 써놓은 글이 담겨있을 테지. 그림 하나 못 그리면서 머릿속에 그려놓고 풀어놓은 글의 이미지를 자필로 풀어내고 키보드를 눌렀다. 문서로 옮기며 교정을 하고 교열을 했다. 조금 더 소설답게 보이고 싶은 마음에 국어사전과 옥편을 책가방에 지니고 다녔다.

나에게 글쓰기는 연인에게 보내는 사랑의 표현이었고, 친구에게 보내는 위로의 표현이었다. 현실판 '남협전조'이자 '위동정'인 사람. 《태왕사신기》 사량 역을 소화했던 내 최애 박성민 배우를 향한 팬심(fan心)이었고 응원의 표현이었다. 글을 쓰며 굴곡 많은 내 자신을 다독이며 돌아봤던 것 같다. 한동안 내 자신을 아끼지 못했다. 악몽에 시달리다 깨는 날이면 어리숙했던 과거의 나를 경멸하듯 미워했다. 하지만 그 시절부터 역경과 고난에 대처하는 정신력이 강화되기 시작되어 어른이 되고서 벌어진 반복된 시련 앞에서는 담대할 수 있었다. 우울지수는 정신건강의학과 전문의와의 상담이 꼭 필요한 단계였지만 병원을 찾아가진 않았다. 대신 미래에 나에게 숙제 던졌다. 판 벌려놓은 글들이 있으니 이 글들 마무리해서 완결 내기 전까지는 죽음의 유혹이 턱 끝까지 차고 올라도 버티라고 말이다.

SDU에서 드라마 대본실습 수업을 수강했는데 교수님이 참신한 소재라며 꼭 대본까지 써서 공모전에 내보라며 격려를 해주셨다. 하지만 이 한 과목만으로 드라마의 앵글과 컷의 교차까지 고려한 대본을 쓰는 일은 무리였다. 나는 미디어영상학과를 복수전공 신청하려고 마음먹었다. 졸업이야 미뤄질 거고, 여윳돈이라고는 1원도 없었다. 그렇지만 미래의 내가 드라마 대본을 쓰기 위해 비주얼 스토리, 영상 촬영과 영상 편집 방법의

겉핥기 정도는 알아야 뭔가 될 것만 같았다. 영상의 지식을 머리에 제대로 담기 전까지는 나의 이 드라마 시놉시스를 소설로 전개해 보기로 했다. 그래도 자기소개서와 직무수행계획서 보다는 뭐라도 채울 수 있지 않을까 작은 희망을 마음에 품었다. 그리고 다음 직장도 계약직이어도 좋고, 최저임금 언저리여도 좋으니 일과 삶 아니, 일과 공부의 조화를 누릴 수 있는 주말 근무 없는 곳이길 기도했다. 올 해의 목표는 최저임금 탈출이 아니라 복수전공 학위 취득이며 졸업이었다. 하루에 조금씩 매달리니 시놉시스가 소설로 변모되어 글이 한 문장, 두 문장 점점 채워졌다. 어차피 다음에 보면 마음에 안 든다고 고칠 테니끼 한 번에 많이 써놔야지 하는 욕심은 내려놨다. 딱 원했던 직장. 최저임금의 계약직이지만 워라밸이 가능한 대학도서관을 만났다. 이곳이라면 퇴근 후 하고 싶은 공부도 하고, 글도 써볼 수 있을 거 같았다. 그동안 여러 도서관에서 사서로서 고군분투 해왔다. 미래의 내가 다른 일을 하더라도 평생 사서로서 그를 기억하고 추억하겠다는 그 약속을 깨는 것은 아니라는 걸 요새 깨닫고 있다. 사서는 평생의 자격이니까. 도서관을 그만두어서 현장의 사서가 아니어도 사서로 불리고 싶은 사람이니까. 이제는 다른 환경에서 작가의 꿈에 한 걸음 더 집중해보고 싶다. 도서관 현장을 벗어나 다른 분야로 밥벌이 할 수 있을지는 여전히 물음표다. 결혼은 못 하더라도 혼자 잘 살아보려면 지금까지 못 받았던 연봉의 수준이 되어야 할 텐데. 헛물켜다가 다시 도서관의 자리로 돌아와야 할 수도 있다. 그럼에도 나는 내가 하려는 도전을 응원하려 한다.

초등학교 때 꿈꾸던 교회 피아노 선생님 그리고 예비 음악학사, 중학교 때 꿈꾸었던 사서, 고등학교 때 꿈꾸었던 작가까지 학창 시절 꿈꿨던 장래희망을 모두 이뤄낸 사람이 흔할까? 2개 이루기도 어려운 걸 3개를 이뤄내는 과정에 있다. 나도 잘하는 게 있었다. 나는 내 꿈을 이루고자 하는 끈기가 있으며 꾸준함이 있는 사람이었다. 내가 이런 사람인 걸 알게 되고 자존감이 조금은 높아졌다. 나를 돌아보며 쓰고 있는 이 에세이가 자기소개서와 직무수행계획서보다 나를 더 잘 나타내는 서류가 아닐까?

당초 생각했던 예상 수명 보다 오래 살다보니 갖가

지 사건 사고 소식을 접하고 산다. 과거에는 동네 창피해서 쉬쉬되었던 일들이 수면 위로 떠오른다. 내가 겪은 건 새 발의 피 정도로 더 끔찍한 일을 나 보다 어릴 때부터 겪은 피해자들도 많았다. 나 혼자만 힘들다. 나 혼자만 불행하다. 내가 불행을 몰고 다닌다고 생각했는데 아니었다. 사람들은 저마다의 행복의 포인트가 있고 불행의 포인트를 같이 지니고 있다. 이걸 아는 나이까지 내가 살아남아서 다행이다. 사건·사고의 크기와 무게를 떠나 외상 후 스트레스 장애는 참 오래도 따라다니고 있다. 며칠 전에도 추격전과 스릴러가 합쳐진 악몽을 꿨다. 과거의 사고로 인한 악몽이 여전히 나를 괴롭히지만 그럼에도 꿋꿋하게 버텨오며 꿈을 이룬 나를 응원하기로 했다.

나는 도서관이라는 공간과 책이라는 매체가 좋아 사서가 된 나를, 피아노 화음 코드를 독학해서 찬양을 반주했던 나를, 모든 것을 걸고 누군가를 열정적으로 사랑했던 나를, 글쓰기를 좋아했으며 다시 글쓰기를 해보려는 나를, 큰 좌절과 절망 속에서도 살아낸 나를, 새로운 걸 배우는 걸 좋아하는 나를, 오늘도 살아 숨 쉬는 나를, 이 모든 나를 내 모습 이대로 사랑하기로 했다.

에필로그

첫사랑에게 이메일을 보냈다. 토요일에서 주일로 넘어가는 새벽이었다. 에필로그만 남겨둔 상태였다. 원고를 고쳐 쓰다 보니 첫사랑에 대한 기억이 하나 둘 떠올랐다. 굳게 약속했는데 평생을 사랑하지 못해서 미안하다고 사과하고 싶었다. 이럴 때 헤어진 것은 최소한 5년은 나를 기다리겠다는 그의 말을 곧이곧대로 믿었던 내 안일함 때문이었다. 헤어지자고 투정부리면 당연히 그가 나를 붙잡아줄 것이라는 믿음이 있었다. 그는 기억하지도 못하겠지만. 상황이 내가 예상치 못한 시나리오로 전게 되었을 뿐이다.

가득 차버린 메일함을 비우다가 우연히 그의 메일 주소를 발견했다. 메일이라도 보내놔야 내 마음이 조금은 가벼워질 것만 같았다. 헤어지고도 그의 어장에서 맴돌던 내가 왜 오랜 짝사랑마저 접은 채 다른 남자에게로 환승하듯 이별을 한 건지 변명으로 들릴 이유를 한 글자 한 글자 썼다. 그가 군대에 가고 매일같이 편지를 써서 군부대 사서함으로 보낸 나였다. 짝사랑도 지극정성으로 했다. 군인이 된 그는 점점 말투가 거칠어졌고 나쁜 남자의 면모를 보였다. 그의 모난 말들로 나는 상처투성이가 되고는 했다. 그럼에도 사랑하니까 견뎠지만 나에게도 한계라는 것이 있었던 모양이다. 그래서 나를 좋아하는 다른 남자가 나타나자 도망치듯 그와의 약속을 깨버렸다. 메일을 확인하다가 이런 저런 광고 메일들이 많으면 개인 메일 하나가 섞여도 모르고 함께 지워버린다. 내가 그랬듯 그도 이 메일을 읽지 않고 삭제하기를 바라는 마음에 더 솔직하게 내 감정을 한껏 풀어냈다. 주저할까봐 메모장에 적은 글들을 복사해서 메일 본문에 붙여 넣고 그에게 이메일을 발송해버렸다.

다른 이메일들도 정리해볼까 싶어 네이트에 로그인을 시도했다. 로그인이 제대로 되지 않았다. 이용정지중이니 고객센터로 문의하라는 팝업창을 닫았다. 이미 밤도 깊었고 피곤하니 나중에 알아보려고 노트북을 덮었다. 바로 다시 노트북을 열고 윈도우 로그인을 했다. 그냥 이참에 해버리자. 고객센터에 문의를 남기니 주일 오전에 답변 메일이 왔다. 내 계정은 광고 게시글이 게재되어 신고 당해 이용정지가 된 상태였다. 계정이 도용당한 거라면 증빙서류를 갖춰 이용정지 해제 신청을 하라는 메일에 번거로워서 또 다음으로 미루려했다. 조금 있으면 교회에도 가야하는데. 잠깐 고민하다가 귀찮음을 이겨내고 증빙서류를 발급하고 이메일 상담 직원의 안내대로 절차를 밟았다.

화요일에 이용정지는 풀렸고 네이트에 로그인이 됐다. 오랜만에 접속하는 네이트온. 혹시나 해서 살펴본 친구목록에 그의 이름은 없었고 숨김 친구목록에서 그의 이름을 발견했다. 오프라인 상태였지만 그의 이름 세 글자를 것만도 반가웠다. 숨김 기능을 해제했다. 수요일이 되었다. 점심을 금방 먹고 사무실에 돌아와 노트북으로 네이트온에 접속했다. 순간 내 눈을 의심했다. 내가 찾아 헤맨 첫사랑의 이름에 온라인 접속 상태임을 알려주는 초록색 동그라미가 보였다. 동시접속 중인 그의 이름을 보니 이메일이 생각났다. 서둘러 수신확인을 해보니 아직 그가 읽지 않았다. 나는 서둘러 보낸 이메일을 발송취소 했다. 심장은 여전히 빠르게 뛰었다. 화장실에서 숨을 고르고 사무실로 돌아왔다.

그래도 어른답게 사과를 해야지. 나는 20살이 아니라 33살이니까. 메신저를 다시 열었다. 첫 마디를 적어 보냈다. 그때 도망치고 피했던 거 다 미안하다고. 30초도 지나지 않아 그의 답장이 돌아왔다. 욕먹을 각오까지 했는데 엄청 오랜만이라고 내 안부를 묻는 그였다. 못된 마음에 상처 줘서 미안했다고 사과까지 했다. 내가 살던 집까지 기억하고 있었다. 내 집 주변을 지나며 문득 문득 내 생각이 났다고. 그의 현 직장이 우리 집 근처였다는 말에 소름이 돋았다. 그는 내 마음이 내킬 때 기회 되면 잠깐 커피 먹자고 했다. 다이어트부터 하고 생각해보겠다고 얼버무렸다. 인생 최고의 몸무게를 갱신하고 있는 상태로 그 앞에 나서기는 너무 부끄럽고 초라했다. 첫사랑이 다시 눈앞에 나타나는 일을 예견했다면 이렇게 몸 관리를 소홀하지는 않았을 텐데. 그는 퇴근을 앞두고 또 다시 내게 시간될 때 커피 한 잔 하자며 휴대전화 번호를 남겼다. 일단 그의 번호를 내 휴대전화에 저장했다. 첫사랑이라는 세 글자를 키패드로 누르는데 기분이 이상했다. 싱숭생숭한 마음으로 퇴근 후 동네 산책에 나섰다. 첫사랑 세 글자가 카카오톡 새 친구 목록에 보였다. 조금 멈칫했지만 그에게 내 번호를 톡 메시지로 남겼다. 이번에도 그의 답장은 빨랐다. 내가 밖이라는 말에 그는 커피라도 한 잔 하고 갈래? 다시 물었다. 그의 커피 마시자 세 번째에 난 넘어가버렸다. 내 모습이 부끄럽고 초라하고를 떠나서 그를 한 번 보고 싶었다. 우리는 생각보다 가까운 거리에 있었다. 보자마자 내 머리를 쓰다듬는 그. 이 스스럼없는 손길이 이리도 심장이 쿵 할 일인가? 내 안부를 궁금해 하는 그에게 그간의 삶을 들려줬다. 그는 나를 다독였다. 나쁜 남자를 흉내내던 그의 모습은 온데 간데 찾아볼 수 없었다. 1시간의 커피 타임은 금방 끝났다. 그는 나를 데려다 주고자 우리 집 방향으로 걸었다. 아직은 집에 들어갈 마음의 준비가 안 되었다는 내 말에 한 바퀴를 크게 돌았다. 이번에는 내가 그를 데려다 줄 거라고 했다. 남자 혼자 어떻게 살고 있는지 부족함은 없는지 들여다보고 싶었다. 어차피 나는 그에게 여자일 수가 없었다. 1시간 동안 짝사랑 접은 이후에 만난 남자들에 대해서도 언급했으니까. 자존심 센 그가 그를 제 발로 떠난 지난 연인을 다시 여자로 보는 일은 없을 거다. 아까 내 머리를 쓰다듬은 것은 그저 오랜만에 만난 여동생을 향한 반가움의 표현이었을 거다. 그러니 내 과거 남자 얘기에도 불편한 기색이 하나 없었겠지.

그는 내가 그토록 그의 보금자리를 구경하기 원하니 마지못해 그의 공간을 나에게 열어줬다. 그가 열어준 원룸의 문을 열고 먼저 조심스레 들어갔다. 그의 말대로 정리가 많이 필요한 상태였다. 어색하게 앉아 그의 살림살이들을 살펴보고 있는데 그가 내 손을 확 잡아당겼다. 내 몸은 중심을 잃고 그의 몸 위로 겹쳐졌다. 그의 얼굴은 너무 가까워졌고 그 숨소리가 너무 잘 들렸다. 이거는 무슨 전개인 건지 당황스러웠다. 그는 조곤조곤한 목소리로 내게 속삭였다. 너 누구 꺼야? 너 누구 여자였지? 한없이 정신이 아득해졌다. 환승이별을 했던 여자를 다시 자신에게 다시 가두려는 그를 보고 참 많은 생각이 스쳤다. 마지막으로 물어볼 거야. 너 내 여자 맞아? 맞으면 뽀뽀. 그는 나에게 5초의 시간을 주었다. 5, 4, 3, 2, 1. 초가 흐를수록 심장이 더 빠르게 박동하는 것 같았다. 그의 입에서 제로라는 말이 나올 때 나도 모르게 그의 입술 위에 입을 맞추었다. 오랜 세월 일시정지 중이었던 나의 사랑이 다시 재생되는 느낌이었다. 그를 잊고 지냈다고 믿고 살아온 13년의 시간 전으로 타임슬립 해서 돌아간 듯이 나는 그를 다시 사랑하고 있었다. 나를 사랑하기로 하니 내 모습 그대로를 사랑해주었던 그를 다시 운명처럼 만나게 되었다. 그를 나에게 다시 보여주신 하나님께 감사한 밤이었다.

그에게 내 건강한 모습을 보여주기 위해 다이어트를 시작했다. 어질러진 내 방도 조금씩 치우기 시작했다. 다이어트 미션을 수행한다고 더 많이 걷고 조금은 더 부지런해졌다. 그로 인해 내가 새사람이 되어가고 있다. 그를 기억하고 추억하기 위해 어떤 어려움 속에서도 사서로 꿋꿋하게 살아왔듯이, 이번에는 내가 작가로서도 충분히 멋지게 살 수 있음을 그에게 보여주고 싶어졌다. 그는 어릴 때나 지금이나 내가 나로 살아갈 수 있게 또 하루를 살 수 있게 만들어주고 있다. 그의 마음이 사랑이 아니더라도 상관없다. 다른 남자에게 보내기는 싫어서 일단 어장에만 가둬놓으려고 하는 것이라도 괜찮다. 장래를 약속하지 못하는 사이여도 서운하지는 않다. 지난날의 나보다 지금의 내가 그를 더 많이 사랑하고 있으니까. 팍팍한 세상살이 속에서도 나를 응원하고 격려해주는 그를 나는 사랑하지 않을 재간이 없다.

김민지
———

나는 늘 사랑 앞에 소신해서 짝사랑에 익숙하고
과거의 사람을 곱씹는, 로맨스 소설로 치자면
후회물의 여주인공 격인 사람이다.
어쩌다 아련한 멜로디와 가사의 노래를 하나 발견하면
하루에 몇 번은 반복해서 듣고, 몇 년은 플레이리스트에
꼭꼭 숨겨 다니는 그런 집착 스러운 사람이다.
나를 모르는 사람이 이런 내가 로맨스 소설을 4질 이상 집필한 소설
가라는 사실을 알게 되면 분명 눈을 휘둥그레 뜨고 놀랄 것이다.
나는 억눌린 과거, 나 혼자만의 사랑을 글로 푸는 로맨스 소설 작가
다. 아이러니하게도 내가 해야 하는 일은 아름다운 글로 현실의 사랑
을 포장하고 독자를 홀리는 일이다. 찌질한 나의 원래 성향과는 정반
대인 일을 나는 업으로 삼고 있다.

많이 울고 아파했고
상처로 남기도 했지만

로맨스 소설 작가의 실연 상처 극복기

　　로맨스 소설 작가라고 하면 다들 '연애 경험이 풍부하시겠네요?'라고 생각한다. 한 연구 결과에 따르면 대한민국 20대 남녀의 평균 연애 횟수는 4회로 한 사람당 주로 세 번에서 네 번 연애를 한다고 한다. 슬프게도 나의 연애는 사람들의 기내, 그리고 연구 결과와는 전혀 다르게 단 한 번뿐, 진심으로 좋아했단 남자들을 먼발치에서 지켜보는 걸 더 잘 해왔다고 자신 있게 말 할 수 있다.

　　어린 시절부터 극심한 내향인이었다. 친구들과 어울리기보다는 혼자 방에서 그림을 그리거나 만화책을 읽는 것에 푹 빠져 살았는데, 중학교 일학년 즈음 되고 나니 일본 아이돌과 순정만화 속 남자주인공을 덕질하는 오덕이 되어있더랬다.

　중학교 2학년, 하늘이 높고 푸르던 어느 가을날, 창가 옆으로 자리를 옮겨 앉게 된 나의 두 눈에 유난히 호리호리하고 키가 큰 남학생이 들어왔다. 그의 칠흑같이 짙은 검정 눈썹이 남자답다고 생각했었다. 그렇게 나는 매 주 같은 날 공을 차는 그 남학생을 보며 점점 혼자만의 사랑에 빠지게 되었다.

　나는 용돈을 모아 다이어리를 하나 구매했다. 그 남학생이 체육 수업을 하는 날이면 멀리서 그를 바라보며 다이어리에 편지를 썼다. 좋아한다고도 써보고 옆에 작은 하트도 그려봤다. 의미 없는 그 짓을 일 년 동안 반복하니 학교를 졸업할 즈음에 나는 짝사랑의 고수가 되어 있었다.

　안타깝게도 나는 그렇게 편지만 쓰고 지켜만 보다가 세월을 보내버렸다. 졸업 후에는 여고에 진학하게 되었다. 입시에 열중하며 삼 년을 보내니 짝사랑 세포마저도 죽어갔다. 그러나 대학 입학 후, 나의 인생에 지대한 영향을 미친 세 명의 남자가 나타났다. 아니, 연애를 한

번 해봤다면서 무슨 네 명의 남자야? 라고 생각하는 사람도 있겠지만 잊지 말자. 나는 짝사랑 박사다. 세 명의 남자 중 쌍방의 사랑이었던 적도 있었고 짝사랑인 적도 있었다. 아무렴 어떤가. 이 세 명의 남자들은 나의 삶을 완전히 바꿔 놓았다. 그들과 만남, 그리고 그 끝에 다가온 이별을 다루는 과정은 나를 한 층 더 성상하게 하고 나의 소설들에 녹아나 지금의 나를 있게 했다.

오랜 짝사랑과의 이별은 나를 '나의 감정'에 충실하게 만들었다

누군가를 좋아하면 '부끄럼 없이 용감한'지경에 이를 수 있다. 나는 그게 진정한 사랑이라고 생각한다! 청이를 좋아하는 내 마음에 하늘도 감동했는지, 초등학교 5학년부터 중학교때까지 나는 계속 청이와 같은 반이 되었다.
(여름날의 레몬 그라스 p.33 by 마키아토)

모든 만남에는 헤어짐이 따르기 마련이다. 만남이 있으면 이별이 있고 이별이 있으면 또 다른 만남이 있는 법. 특히 대학 입학과 졸업, 그리고 취업의 과정에서 많은 일이 벌어지는 변화무쌍하고 불안정한 상황에 놓인 20대 청춘들에게 헤어짐은 더 익숙하게 와닿지 않을까? 나도 마찬가지였다. 대학을 입학하고 나서 보니 중간에 재수하거나 자퇴를 하는 동기들, 해외로 유학을 하러 가거나 휴학을 하고 자신의 꿈을 찾는 친구들, 그리고 결국에는 취업과 졸업으로 흩어지는 모두. 20대 초중반, 내 인생에는 수많은 사람이 찾아왔다가 그들만의 사정으로 떠나가곤 했다.

　내가 사랑에 빠졌던 남자들 또한 마찬가지였다. 첫 번째로 내가 짝사랑에 빠진 상대는 같은 학교에 다니는 동네 남학생이었다. 나와 그는 졸업이라는 문턱 앞에서 자연스럽게 헤어지게 되었다. 놀랍게도 그때까지 나는 그와 한마디도 나눈 적이 없었다. 그 역시도 키가 크고 호리호리했으며 검은 머리와 짙은 눈썹을 가지고 있었다. 어린 나이에 아무것도 모르고 순전히 겉모습만 보고 그를 좋아한 것이다. 이 사랑을 이루기 위해서는 아무런 정보도 모르는 사람에게 엄청난 용기를 내서 말을 걸어야 했다. 내성적인 나에게는 있을 수 없는 일이었다. 머릿속에는 '거절당하면 어떡하지?', '여자친구가 있으면 어떡하지?' '좋아하는 사람이라도 있으면 어떡하지?'라는 생각만이 수천 번은 맴돌았다.

　재미있는 건, 용기를 낼 기회는 매일 주어지지 않았다. 넓은 동네에서, 대학 캠퍼스에서 그를 일주일에 한

번 마주칠까 말까였다. 그래도 포기할 내가 아니었다. 하나라면 집요하게 파는 내가 한 사람을 마음에서 그리 쉽게 떠나보낼 리 없었다. 그를 만나지 않을 때면 준비했다. 그게 어언 삼 년 정도다. 그동안 봐왔던 그의 머리 스타일, 옷 스타일을 기억해 뒀다 어울릴 만한 옷을 사보며 스타일을 바꿔봤다. 훤칠하고 호리호리한 그와 어울리려면 살이 찌면 안 된다는 생각으로 운동도 했다. 아르바이트를 해서 돈을 모으고 취업을 위해 학점 관리를 하는 등 자기계발에도 열중했다. 순전히 언젠가 그를 만날 수 있다는 바보 같은 희망을 품으면서 말이다.

한결같이 그만 생각하는 마음과 노력에 하늘도 감동했는지, 나에게도 기적이라는 것이 일어났다. 나는 졸업 전 마지막 학기에 그와 같은 교양 수업을 듣게 되었다. 일주일에 두 번, 정확히 그의 대각선 뒤의 뒷자리에 앉게 되었다. 나의 특기를 활용해 매 수업 시간이면 그를 뒤에서 바라보며 마음을 키워갔다. 그런데 나의 시선을 눈치라도 챘걸까? 언젠가부터는 그도 나를 의식하는 것 같았다.

그건 착각이 아니었다. 정말이지 그도 나를 뒤돌아

힐끗 쳐다보기도 하고 어느 순간 옷과 머리에 변화도 주다가 며칠은 집에 가는 길을 기다렸다가 같이 강의실에서 나오기도 했다. 드디어 짝사랑을 탈출하는 건가 싶었다. 사랑을 하면 눈에 뵈는 게 없고 겁도 없이 용감해진다고. 어느 날, 나는 생에 단 한 번도 낸 적 없었던 큰 용기를 내기로 결심했다. 짝사랑이 아니라 쌍방 사랑이 된 것 같으니 이번에 내가 그를 기다렸다가 함께 하교하며 그에게 나의 존재를 확실히 각인시키기로 마음을 먹었다. 그런데 그 날, 하필이면 그 날…! 그를 따라 강의실을 나서는 순간, 건물 앞에서 웬 예쁘장한 여학생이 그를 기다리고 있는 것 아닌가? 그녀의 앞에서 둘은 다정하게 이야기를 나누며 하교했다.

나는 마음 깊은 곳에 상처를 입었다. 맘먹고 용기를 낸 그 날, 누군지 모르는 여학생과 다정하게 집으로 돌아가는 모습을 보며 질투하며 분노했고 그는 이미 여자친구가 있었다고 오해했다. 아무렴 그에게 따지거나 추궁하거나 화를 낼 그 어떤 행동을 취할 명분도 나에게는 없었다. 나중에 밝혀진 결과, 그 예쁜 학우도 그의 여자친구가 아니라 단순히 학과 동기였으며 그가 나를 의식하고 호감을 보인다는 것 또한 그의 입으로 직접 확인된 바 없었기 때문이다. 비참했다. 이제야 시간이 흘러 이렇게 글로 쓸 수 있겠지만 당시 내가 느낀 감정은 짝사랑하며 경험할 수 있는 최악 중의 최악이라고 생각했다. 혼자 좋아하고 혼자 착각하고 혼자 상처받는 것.

나는 졸업과 함께 그에 대한 짝사랑을 접기로 했다. 혼자만의 자연스러운 이별이었다. 더는 그와 마주칠 일이 없었으니까. 참 이상했다. 한 남자에 대한 마음을 접는 것인데 나의 삼 년이란 시간이 마치 천천히 쌓아 올렸던 모래성이 한 번에 무너지듯 사라지는 느낌이었다. 마지막 수업이 끝나는 날에 나는 집으로 돌아와 펑펑 울었다. 시험도 망쳤을뿐더러 지레 겁먹고 의심하는 소심한 성격 탓에 그에게 말 한 번도 걸지 못하고 영영 못 보게 되어 가슴이 시렸다. 그날 밤, 나는 동네 여기저기를 마음 둘 곳 없이 떠돌아다녔다. 사실은 포기하기로 해놓고 어디서라도 마주칠 수 있지 않을까 하는 질척한 미련을 붙잡고 말이다.

우리가 시련을 겪었을 때 마음이 아픈 이유는 우리의 몸이 정말 고통을 느끼고 있기 때문이라고 한다. 마치 몸에 진짜 상처를 입은 것처럼. 나 역시도 그랬다. 침대 위에서 아무것도 먹지 못하고 꼬박 일주일을 앓으며 황금같이 소중한 대학의 마지막 방학을 보냈다. 그러던 어느 날, 나를 바라보던 어머니의 시선에 담긴 슬픔을 마주한 후, 짝사랑 앓이를 그만두기로 다부지게 마음먹었다. 하지만 시작부터 다짐은 난항을 겪었다. 동네도 학교도 돌아만 다니면 그와 마주쳤던 장소가 곳곳에 등장해 그의 생각으로 이어졌다. 며칠간 머리를 싸매며 고민을 한 후 그의 잔상에서 벗어날 한 가지 방법을 떠올렸다. 그의 뒤를 쫓아 강의실을 나갔던 그 날처럼 과감하게 다른 환경의 곳으로 도망가기로. 나는 바로 제주도로 가는 비행기 티켓을 끊고 그의 흔적 따위는 찾을 수 없는 곳으로 떠나버렸다.

훌쩍…!

충동적으로 내린 결정은 생각 외로 아주 이로웠다. 제주도로 향하는 비행기가 이륙하는 순간 시야에 들어온 창밖에 넓게 펼쳐진 푸른 하늘과 바다는 체한 것 같이 답답하던 나의 숨통을 트이게 했다. 바라보는 것만으로 기분이 좋았다.

'그래! 중요한 건 내 기분이야!'

나는 제주도에서만큼은 철저히 감정에 지배당하기로 마음먹었다. 7일 동안 나는 일어나고 싶은 시간에 자유롭게 일어났다. 씻고 싶으면 씻고 그렇지 않으면 말았다. 아침밥을 챙겨 먹고 싶으면 먹었지만 그렇지 않으면 먹지 않았다. 가고 싶은 곳이 있으면 갔지만 없으면 숙소에서 종일 뒹굴었다. 웃고 싶으면 웃고 화를 내고 싶으면 화를 냈다. 물론 울고 싶으면 울었다.

흔히 사람들은 살다 보면 나보다 남에게 집중하는 순간들에 놓이곤 한다. 누군가의 가족으로 사는 것이나 어떤 직업을 가지고 가면을 쓴 채로 사회 속에 살아가는 것처럼. 사랑도 마찬가지다. 나보단 상대방을 우선시 두게 되고 상대방의 행복을 깨지 않기 위해 늘 맞춰주고 배려하게 된다. 나도 그를 좋아하던 순간엔 잘 보이고 싶은 마음에 진짜 나의 행복감을 위해 행동한 것이 언제였는지 아득해졌다. 바라보고만 있어도 미소가 지어지고 보이지 않을 땐 그리워지는 감정을 숨기며 살아 온 시간이 솔직함보다 익숙한 사람이었다. 제주도 여행을 시작으로 어린 시절의 '나'처럼 나에게 솔직한 사람으로 돌아가는 작업에 더욱 진중하게 착수했다. 살면서 '싫다'는 말을 잘 못 하던 나였는데, 어딜 가서도 내가 원하지 않으면 NO를 외칠 수 있는 사람으로 변해갔다.

자유로웠다. 속으로 곪아 억눌리고 뒤틀리던 감정들이 표현되었을 때의 그 자유는 말로 형용할 수 없을 정도로 황홀했다. 숨기고 감춰와 온전히 즐기지 못하던 '나'의 삶이 비로소 내 세계에서 가장 중요한 사람인 '나'에게 온전히 인정받기 시작했다. 이를 바탕으로 나의 삶은 점점 더 긍정적인 방향으로 나아갔다. 나는 덜 불안했다. 남의 생각과 감정에 기준이 맞춰진 삶은 늘 좌불안석이었다. 그 기준이 내가 되어 불안이라는 틀에서 벗어나고 나서야 안정은 찾아왔다. 심리적인 안정은 높은 자존감으로 이어졌고 나의 모든 행동과 그에 따른 결과에도 과거와는 다른 영향을 끼쳤다.

가장 먼저 삶의 변화는 나의 글에 가 자연히 묻어났다. 단순한 사랑 이야기를 쓰기보다는 나는 매 글에 인물들의 성장을 곁들이게 되었다. 등장인물들의 사랑이 성공으로 끝나든 실패로 끝나든 결국에 마주한 인물들은 한 단계 더 성숙한 사람이 되어있었다. 특히 내면적으로 말이다.

또, 나의 짝사랑은 물론 내가 이별을 극복하며 했던 여행과 행동, 그리고 결심은 이야기의 좋은 소재가 되었다. 더는 곱씹고 슬퍼하지 않아도 되는 일이 되어 글로 수월하게 적어 내려갈 수 있었다. 실제로 처음 집필했던 소설의 여주인공은 첫눈에 반한 남자만을 한결같이 몇 년을 바라보지만 결국 혼자만의 사랑으로 끝을 맺는다. 그녀는 실패한 짝사랑을 잊기 위해 훌쩍 여행을 떠난다. 여행지에서 자유를 만끽한 그녀는 사랑의 기억도 그대로 그곳에 두고 온다. 과거 사랑의 감정으로부터도 완전한 자유를 얻게 된다. 그녀에게 지독하게 한 사람만을 혼자 좋아하던 나의 모습과 내가 이별을 극복하기 위해 했던 행동이 그대로 투영된 것이다.

작가가 된 후에 줄곧 생각해왔다.

내가 지난 사랑에 성공했다면 이런 소설을 쓸 수 있었을까? 과연 내가 지금 이 자리에서 글이라는 것을 쓰고 있었을까?

나쁜 남자는 나를 발전시키는 원동력이었다

그녀는 눈을 감고 생각한다. 그는 아마 돌아오지 않을 것이다. 아니면 달라져서 돌아오거나. 그들이 지금 누리고 있는 것을 결코 다시는 되찾지 못할 것이다. (중략) 지금껏 그들은 서로에게 많은 도움이 되었다. 정말이야, 정말. 그녀는 그렇게 생각한다. 사람들은 정말로 서로를 변화 시킬 수 있어.

(노멀 피플 p. 324 by 셀리 루니)

성인 이 된 이후, 지독한 짝사랑의 처절한 실패와 그로 인해 극적으로 요동치는 감정의 쓴맛 을 본 나는 다시는 짝사랑 따위는 하지 않겠다고 다짐했다. 여기서 짝사랑을 하지 않겠다는 것이 사랑을 절대 하지 않는다는 것으로 이어지지 않는다. 대학을 졸업 후, 나는 자신을 좋아해 주는, 이상형과는 거리가 먼 한 남자와 성인이 되어 정식적으로 교제를 갖는다. 인생에 지대한 영향을 미친 남자 2번 되겠다. 모든 사람 관계에는 반드시 끝이 찾아오는 법. 그가 지방으로 고시를 준비하러 가면서 우리의 사이도 틀어지고 만다.

알다시피 나의 이상형은 큰 키에 호리호리한 몸매, 검정 머리와 진한 눈썹을 가진 모델 같은 남자였다. 그러나 나의 첫 남자친구는 키는 컸지만 호리호리 와는 거리가 먼 몸에 근육과 살이 골고루 분포된 듬직한 인상의 남자였다. 나는 순전히 그가 나를 좋아해 준다는 이유로 그의 구애를 받아들이고 그렇게 2년간 사랑을 유지해갔다.

아직도 그가 헤어질 당시에 남긴 말을 똑똑히 기억한다. 오랜 기간 동안 취업을 준비하던 나에게 그가 상처로 남기고 간 말은 '너도 고시 준비하면 안돼?' 였다. 그런 말을 들어가면서 처절하게 버려졌음에도 나는 그를 만나온 기간 만큼, 오랫동안 그를 잊지 못하고 방황했다. 누가 짝사랑 고수 아닐까 봐 이번엔 전 남자친구를 오랫동안, 그것도 랜선으로 그리워했다. 그와의 추억 때문에 다른 사람을 만나지도 못했으며 짝사랑의 실패로 인한 상처의 늪에서 나를 건져낸 지 얼마 되지도 않아 다시 어두 캄캄한 시련 속으로 기어들어 갔다.

　이번에도 나는 취업이고 자기계발이고 다 말아먹고 말았다. 심지어 대인기피증 및 우울증까지 얻어 사람을 만나는 것도 꺼렸다. 세상만사도 부정적으로 볼 수 밖에 없었다. 가족과 싸우는 날은 늘어만 갔다. 나의 언니와 어머니는 아무것도 하지 않고 집에만 누워있는 나를 등골 뽑아먹는 골칫덩어리 취급하기 시작했다. 그들은 사정을 잘 모르니 그럴 만 하다고 충분히 생각하지만 결국, 금전적인 지원을 모두 끊어버린 가족들로 인해 나는 타의적으로 다시 취업 준비를 시작해야만 했다.

　취업, 취업, 취업. 그러나 취업 준비를 하면 할수록 전 남친의 마지막 한마디, '너도 고시 준비하면 안돼?'는 잊을만하면 생각나고 또 생각났다. 그럴 때면 나는 분통이 터졌다.

　'감히 남의 집 귀한 자식한테...!'

　부모님의 등 떠밀림으로, 그리고 흠집 난 자존심과 복수심으로 시작됐지만, 반드시 그보다 잘난 사람으로 거듭나 혹시라도 나중에 만나게 된다면 콧대를 납작하게 만들어줘야겠다고 생각하며 다이어리와 검은 펜을 하나 꺼내 들었다. 내가 적은 글자는 버.킷.리.스.트 다섯 글자. 예전부터 하고 싶었지만 금전적인 또는 시간적인 여유가 없어 하지 못 했던 큰일들을 하나, 둘씩 이루기로 했다. 나는 맨 윗줄부터 차례대로 꿈을 하나씩 적어 내려갔다.

잠시 나의 가정사를 꺼내자면, 언니는 어린 시절부터 수준 있는 미술 교육을 받고 예술가가 되었는데 나는 이를 항상 부러워했다. 심지어는 부모님이 나는 공부를 시키고 언니는 예술을 시키며 차별한다고도 착각해왔다. 그래서 나의 꿈은 대부분 못다 한 예술에 대한 꿈을 이루는 거였다. 앞뒤 생각 없이 큰 꿈이어도 그냥 적어 내려갔다. 나의 이야기를 영화로 만들기, 나의 이야기를 책으로 만들기, 나만의 노래 만들기, 나만의 만화 만들기 등등…. 분명 취업 준비를 해야 했지만 나의 버킷리스트들은 취직 그리고 조직 사회의 일원으로 성장해 가는 것과는 거리가 점점 멀어졌다.

버킷리스트에 적어놓은 항목들은 무조건 이룬다는 마음가짐으로 관련된 일이라면 닥치고 찾아 지원했다. 먼저, 나는 영화업계에서 할 수 있는 일부터 찾았다. 첫 번째로 나의 전공인 영어를 살려 장편 독립영화 번역 일을 따내며 영상 번역가로 데뷔를 했다. 두 번째로 무작정 영화 대본들을 읽으며 시나리오는 어떻게 쓰이는지, 연기와 연출은 무엇인지 공부했다. 그러면서 점점 영화업계의 사람들과도 안면을 트게 되었고 한 프로듀서의 제안으로 나의 가정사, 사랑 이야기, 그리고 일상의 떠오르는 생각들을 매일 끄적이게 되었다. 놀랍게도 이를 읽어 본 그가 나의 글 쓰는 능력이 놀랍다며 장문의 글들을 써볼 것을 권했다.

억눌린 욕망 때문이었을까? 아니면 재능이라는 것이 조금이나마 있었던 걸까? 공부와 취업은 늘 사랑 앞에서 막혔지만 나는 버킷리스트에 적힌 것들을 차근히 성공적으로 성취해 나갔다. 특히 글 쓰는 일에 관해서라면 탄탄대로 앞으로 나아갔다. 매일 소설을 집필하고 웹소설 작가로도 성공적으로 데뷔했다. 그로부터 일 년이 채 지나지 않아 로맨스 전자책 4질 출간한 소설가가 되었고 소설은 많은 양은 아니지만, 출간한 지 시간이 꽤 지난 지금에도 매달 꾸준히 판매되고 있다. 사랑에 실패만 해왔던 내가 독자들을 설레게 하고 대리만족을 심어줘야 하는 분야에서 완전히 프로가 되어버렸다!

잊었던 꿈과 자기계발에 집중하자 분노와 복수심은 눈이 녹듯 사르르 사라졌다. 나에게 상처를 주고 떠나간 게 누가 됐던, 중요한 건 항목을 전부 지워나가는 것뿐이었다. 하나, 둘씩 새로운 것을 이뤄 갈 때면 나의 자존감도 따라서 충전됐다.

'그래! 나도 한다면 하는 사람이었다고.'

2021년 10월 18일, 아직 목록의 지워나가야 할 부분은 반 정도 남았다. 그러나 반쯤 지워나가고 나서 뒤를 돌아보니 나는 이 전에는 상상해서 해보지 못 한 세상에 발을 들이고 있었다. 나는 다른 사람들처럼 대학을 졸업하고 회사원이 되어 40대 정도까지 열심히 일하다 퇴직을 하는 '평범한' 삶을 살리라 믿었었다. 지금은 작가로서, 남들이 일하는 시간에 잠을 자고 가끔은 한 달에 남들 월급의 반 토막 정도 벌기도 하면서 나만의 행복에 취해있는 중이다.

나의 버킷리스트 챌린지는 최근 교정을 마치고 출간을 기다리고 있는 나의 네 번째 소설에 그대로 나타난다. 주인공은 사랑의 이유에서는 아니지만 사회로부터 거듭되는 거절과 실패로 우울증과 다른 정신 질환들을 앓게 된다. 하지만 그녀는 무너지지 않고 꾸준한 치료를 받으며 결국에는 자신의 삶에서 죽기 전 가장 이루고 싶었던 꿈을 퇴사 후에 찾아 떠난다. 시간이 흐르고 그녀는 그토록 원하던 예술가의 삶을 살 게 된다. 작품은 그녀가 우울증과 정신질환을 치료하는 과정에 조금 더 집중되지만 퇴사 후 버킷리스트의 항목들을 하나씩 지워나가는 것은 온전히 나의 경험에서 비롯된 소재이다.

이미 다 잊어 기억도 잘 안 나는 옛 연인이지만, 나의 첫 연인의 마지막 비수는 아직도 때론 생각나곤 한다. 당시에는 잠에서 깨면 생각나고 밥을 먹을 때에도 떠올라 힘들었지만, 지금은 그 한마디가 얼마나 나를 바꿔 놓았는지 가볍게 글을 쓰고 커피도 한잔하며 곱씹을 때가 있다. 아-주 가끔.

진심이 통하지 않는 사람에겐 먼저 이별을 고하는 법을 배웠다

이제 나는 힘없는 어린애가 아니다. 아직 어리기는 해도 아무것도 할 수 없었던 시절의 내가 아니다. 적어도 내 발로 걸을 수 있다. 만나고 싶은 사람이 있다. 그 사람을 만나러 내 발로 갈 수 있다. 도중에 조바심이 나서 뛰기 시작했다.
(오늘 밤, 세계에서 이 사랑이 사라진다해도 p. 179
by 이치조 미사키)

　　로맨스 소설 작가가 되어 글로 연애를 풀어나가면 무엇을 하랴. 자아실현의 욕구는 채우는 중이겠지만 나의 연애는 여전히 산으로 갈 때가 많았다. 나는 아직도 현실 연애에는 찌질했다. 나의 인생에 변화를 가져온 세 번째 남자는 내가 작가가 되고 나서 좋아하게 된 남자였다. 내 글쓰기와 예술 활동을 있는 힘껏 응원해주고 필요하면 도움까지 주는 조력자였다.

그를 나 혼자 몇 년간 좋아한 건지, 아니면 요즘 세대들이 부른 썸이라는 관계를 보낸 건지 아니면 어장관리를 당한 건지는 아직도 정확하지 않다. 지금 와서 생각해도 그와의 관계는 애매모호했다. 친구라고 하기엔 너무 가까웠고 연인이라고 하기엔 저- 만치 멀었으니까. 그렇게 어정쩡한 관계를 보내기를 2년이 가까워졌을 때, 그는 그의 분야에서 승승장구하고 있었고 나는 나의 분야에서 입지를 다지고 있었다. 둘 다 사회에서 제 자리를 잡아가는 성인들에게 바빠서 사람 만날 시간 없는 '그' 단계를 밟고 있었달까?

나는 그려지지 않는 미래가 싫었다. 늘 다른 사람과 재고 있는 것 같아 그와의 관계가 불안했다. 둘 중 한 명이 나서서 끝내거나, 이어가거나 해야 하는 사이라면 내가 먼저 나서서 보여주기로 했다. 앞 장들의 이야기들을 통해 내면적으로 많이 발전한 모습을 보이지 않았는가? 훗. 나는 있는 힘껏 나의 애정을 보여줬다. 먼저 만나고 싶어 약속도 잡고 아플 땐 병문안도 가고 기념일엔 선물도 사주면서 말이다. 나는 너와 연인으로 발전하고 싶은 마음이 있다고 강하게 어필했다.

그런데 이상했다. 내가 싫으면 딱 잘라서 호의를 거절하면 될 것을 그는 나를 좋아하는 것 같으면서도 경계했다. 사귈 수도 있는 여자가 되어버린 나의 사소한 행동 하나하나에 의미를 부여하고 혹시나 내가 떠날 사람이 아닌가 걱정부터 했다. 예를 들어 내가 어쩌다 오랜 남성 지인의 건너 들은 얘기만 꺼내도 움찔했고 그럴 때마다 나를 대하는 그의 반응은 확 바뀌었다. 집순이인 내가 집에 있는 게 맞는지 확인할 때도 있었고, 내가 누구랑 메시지를 주고받는지 궁금해할 때도 많았다.

완전히 다른 두 세계에 살다가 성인이 된 남녀가 생판 남인 사람을 알아간다는 것. 당연히 무서웠을 수 있다.

'내가 해서는 안될 짓을 저지른 사람인가?'

하지만 자신이 상처를 입을까 되려 나를 의심하는 태도가 오래 지속되자 나 자신도 나를 의심하는 지경에 이르렀다. 내가 죄인이 된것 같았다. 그를 마주할때면 평소 사회 속에서 타인과 쌓아온 신뢰가, 그리고 정직함에서 나오는 스스로에 대한 자부심이 와장창 무너지는 기분이었다.

　나는 이미 과거보다 성숙했다. 그를 만나는 것은 점점 나 자신을 좀먹는 일이라는 깨달았다. 더는 표현도 못 하면서 몇 년을 이루어질 수 없는 현실성 없는 사랑에 목매는 바보가 아니었다. 너도 고시나 보라는 폭력적인 전 남자친구의 말을 듣고도 그를 잊지 못해 아파하는 사람도 아니었다. 지독한 의심으로 나 자신도 나를 불신하게 하고 정신적으로 피폐하게 만드는 그와의 인연을 먼저 끊어내기로 했다.

　쉬운 일은 아니었다. 초반에는 과거처럼 함께한 추억을 곱씹기도 하고 찌질하게 슬픈 노래를 들으며 눈물도 흘려봤다. 먼저 사람을 내쳤다는 죄책감에 시달렸고 다시 연락해볼까 망설이기도 했다. 그럴 때마다 선명하게 느껴지는 나에 대한 불신의 흔적이 과거로 절대 회귀하지 못하게 했다. 처음이 어려웠지 나중엔 나를 좀 먹는 다른 관계들도 힘들지 않게 정리 할 수 있었다.

　작가는 특별히 더 섬세하고 예민한 사람이라고 생

각한다. 그렇기에 자기 줏대와 중심을 잘 지키는 것이 작가의 글부터 독자의 반응까지 좌우한다고 믿는다. 매일 방에 틀어박혀 집필만 하는 나의 주변에는 많은 사람이 남지 않았다. 하지만 몇 안 되는 가까운 사람들은 나에게 긍정적인 기운을 불어넣어 주고 나를 존중해주는, 소중히 여길 줄 아는 사람들만이 남아있다. 지금 생각해보면 나도 끊어낸 '그 사람들'에게 유해했을지도 모르겠다. 어쩌면 괴롭고 자기를 시험하게 하고 더는 만나고 싶지 않았던 건 쌍방이었을지도. 그래도 나는 지금이 더 행복하다. 해로운 관계에서 벗어날 줄 아는 사람으로 변한 내가 너무 기특하다. 많이 컸다! 나 자신!

현재 기획하고 있는 차기작의 소재는 '애매한 관계'이다. 정의되지 않은 애매한 관계는 단순히 한가지 이유로 생기지 않는다. 두 사람 간의 복잡 미묘한 다양한 심리가 섞여 발생한다. 가령 A와 B 두 사람이 있다고 쳐보자. A는 B가 100퍼센트 좋아하지만, B는 A를 90퍼센트만 좋아해도 이 관계는 이미 애매한 관계라 할 수 있다. 이는 반대라도 마찬가지이다. 친구 사이에도, 가족들 사이에도 연인 관계에도 적용된다. 동등하지 않은 감정의 정도를 견뎌내는 것은 감정 소모가 매우 심하다. 한 명은 깊은 상처를 입고 있으면서도 더 진하고 깊은 마음으로 애써 관계를 붙잡고 있는 게 분명하기 때문이다.

현실에선 이렇게 슬픈 일임에도 불구하고 소설 속에서는 자극적이고 흥미롭게 다뤄져야 독자의 관심을 끌 수 있다. 누군가의 상처를 주는 행동은 과장되어 그려지고 누군가의 슬픔은 가볍게 다뤄지기도 한다. 그래서 사실 이를 소재로 작품 집필에 앞서 캐릭터 소개와 시놉시스를 준비하는 과정은 마냥 행복하지는 않았다. 감정의 정도가 얼마만큼, 어떻게 다르냐에 따라 무궁무진한 이야기를 만들어 낼 수 있고 다양한 방법으로 공감을 불러일으킬 수 있는 좋은 소재지만 내가 직접 겪은 감정과 사건들을 오직 독자들의 입맛을 위해서 비틀고 구기고 찢는 과정은 이미 벌어진 상처를 한 번 더 헤집었다가 겨우 다시 봉합하는 과정이라고나 할까?

사실 나는 모든 것을 있는 그대로 쓰고 싶다

사실, 작가로서 내가 제일 원하는 것은 있는 그대로 나의 이야기들을 과감하게 날것으로 풀어나가는 것이다. 독자들의 예상 반응을 신경 쓰지 않고 이끌리는 대로 써 내려 가기. 새로운 세계관 속 주인공들에게 내가 겪은 일을 투영하기보다는 재밌고 진솔하게 나의 사랑 이야기를 있는 그대로 세상에 내놓기. 하지만 그렇게 하기엔 큰 위험이 따른다. 누군가 내 이야기를 읽고 '이거 걔 얘기 아니야?'라고 생각할 수도 있다. 또는 재미와 동떨어진 너무 현실적인 이야기라 작품으로서 가치를 인정받지 못하고 상업적인 성과도 기대할 수 없게 될 수도 있다. 작가들이 가장 고민하는 실화를 바탕으로 쓰는 이야기의 큰 문제점들이 아닐까? 종종, 내가 사랑에 성공한다면, 흔히 현실에서 해피엔딩의 최종점인 행복한 결혼에 골인하게 된다면, 그때서야 거짓 없이 내 이야기를 자유롭게 펼쳐 놓을 수 있지 않을까 하는 생각이 들곤 한다.

곧 그 날이 올 수도 있으니 아자아자 파이팅하는 걸로…! 이 에필로그를 마지막으로 과거의 남자들에게 한마디 남기고 싶다. 결과가 어찌 되었든 당신들이 있었기에 지금의 내가 존재합니다. 고맙습니다. 많이 울고 아파했고 상처로 남기도 했지만, 사랑과 삶을 배우게 해줘서 고맙습니다…!

많이 울고 아파했고 상처로 남기도 했지만　211

에필로그

지은정

글 한 편을 다 쓰고 나니 만감이 교차한다. 한 달을 매달렸던 일이 사라지니 공허하기도 하고 오랫동안 해보고 싶었던 일을 무사히 마치게 되어 뿌듯하기도 하다. 평소 책 한 권을 읽을 때는 별생각이 없었는데 직접 해보니 글을 쓰는 게 이렇게 어려운 줄 몰랐다. 책상에 아무리 오래 앉아있어도 생각은 떠오르지 않고 원하는 분량만큼 글을 쓸 수 없었다. 그렇게 며칠 동안 허탕 치기를 반복하다 어느 닐은 영감이 번쩍 떠올라 순시간에 종이 한 면을 채우기도 했다. 그뿐만이 아니다. 글을 쓸 때면 어떤 이야기를 해야 읽는 사람이 공감할지, 그 이야기를 얼마나 자세히 해야 읽는 사람이 지루해하지 않을지, 고민이 꼬리에 꼬리를 물었다. 하지만 이렇게 힘든 과정도 매주 함께 글을 읽고 생각을 나누어주신 다른 작가님들과 물심양면 도와주신 김한솔이 작가님이 계셔서 즐거운 마음으로 무사히 마칠 수 있었다. 모두에게 감사하다는 말을 꼭 전하고 싶다.

나하나

◇
◇
◇
◇
◇

일도 육아도 다 잘하고 싶은데 그 어느 하나 내 마음 같지 않아 울적할 때가 많은 워킹맘들에게 작가의 경험을 통해 공감과 위로를 건네고 싶습니다. 당신만 그런 것이 아니라고, 우리는 지금 최선을 다 하며 하루를 살아가고 있다고 토닥여주고 싶습니다. 결점 없는 것은 없다고, 완벽해지려 하기보다는 완주하는 사람이 되어도 괜찮지 않을까요?

이가희

작가라는 업은 사실 내 로망 중에 하나였다. 하지만 기회가 닿아 시작한 글쓰기의 길은 너무나 멀고 험한 길이었다. 역시 모든 영감은 '마감'이라는 단어에서 시작하는 거였나 싶게 매번 마감 시간에 촉박하게 움직였던 것 같다. 그나마 습관처럼 적어둔 생각들이 여백을 채우는데 도움이 되었고, 애정과 관심으로 열심히 챙겨주신 김한솔이 작가님 덕분에 완성까지 다다를 수 있었다. 인생은 항상 나를 찾아가는 여행인 것 같다. 나는 제주 여행이라는 단편적인 시간을 가져왔지만, 모두의 일상 또한 매일의 여행이 아닐까. 함께 여행을 걸으며 글을 모아준 책쓰게 11기 팀원들과 마무리까지 여러 도움으로 함께 해주던 소중한 이들에게도 감사하다는 이야기도 슬 남겨본다. 끝없는 여행을 하다 보면 언젠가 나를 오롯이 만나는 시간이 있겠지. 이번 에세이를 통해 삶이라는 여행을 느긋하게 걷는 연습을 시작하게 되어 한편으로 기쁘기도 하다.

신성희

◇
◇
◇
◇
◇

두려움을 가진 모든 이들과 함께 나누고 싶습니다.

사서임

자기소개서의 항목 채우기도 힘겹던 내가 나만의 이야기로 종이 여러 장을 채워나가다니 신기한 경험이었다. 그간 나를 먹고 살게 해준 '사서'라는 직업과 '도서관'이라는 공간에 감사하다. 아직은 서툴지만 이렇게 나의 이야기를 쓰고, 내 상상을 풀어나가면서 다양한 장르의 글을 써보고 싶다. 나와 비슷한 아픔이 있었던 이들도 나처럼 자신을 사랑하고 있기를 바란다. 잃어버린 꿈이 있는 이들이라면 나중에라도 다시 도전해보기를 바란다. 내가 살아온 삶의 무게는 가볍지 않았고 위태로운 순간은 또 오겠지만 기도하며 모든 일에 감사하며 잘 살아가려고 한다. 각자의 이유로 모두가 어려운 삶 속에 하나님의 축복과 사랑이 모두에게 넘치기를 살아계신 주 예수 그리스도의 이름으로 기도해본다.

김민지

좋은 사람들과 보낸 행복한 시간이었습니다. 내가 제일 좋아하는 글을, 그것도 로맨스를 소재로 다른 작가님들을 통해 바로 피드백을 얻으면서 쓸 수 있는 흔치 않은 기회였습니다. 줄곧 소설만 써온 저는 '나'의 이야기를 전하는 에세이를 써보고 싶었습니다. 이번 출간 기회는 짧은 기간 동안 효율적이면서도 정직한 방법으로 에세이를 쓰는 방법을 잘 배울 수 있는 시간이었습니다. 이 책을 시작으로 앞으로 다양한 에세이를 집필하며 과감하게 자기 생각을 내놓는 작가가 될 수 있다는 확신이 들었습니다.

나는 나를 잘 만났을까요?